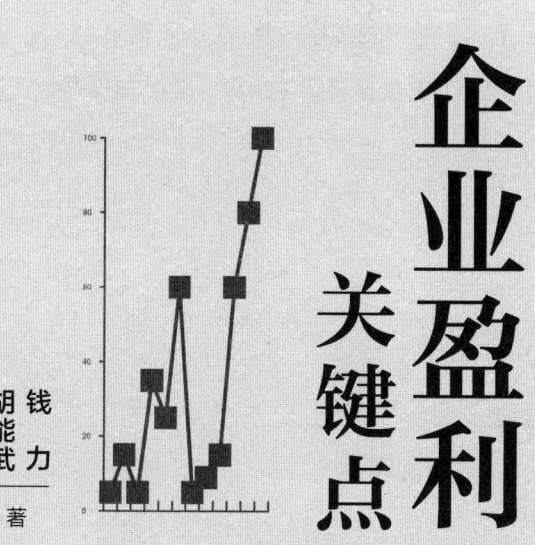

企业盈利关键点

钱力 胡能武 著

北京联合出版公司
Beijing United Publishing Co.,Ltd.

图书在版编目（CIP）数据

企业盈利关键点 / 钱力, 胡能武著. —北京：北京联合出版公司, 2019.5（2021.6 重印）

ISBN 978-7-5596-3062-9

Ⅰ.①企⋯ Ⅱ.①钱⋯ ②胡⋯ Ⅲ.①企业利润—研究 Ⅳ.①F275.4

中国版本图书馆 CIP 数据核字（2019）第 057313 号

企业盈利关键点

作　　者：钱　力　胡能武
出 品 人：赵红仕
选题策划：北京时代光华图书有限公司
责任编辑：孙志文
特约编辑：李淼淼
封面设计：新艺书文化

北京联合出版公司出版
（北京市西城区德外大街 83 号楼 9 层　100088）
北京时代光华图书有限公司发行
北京晨旭印刷厂印刷　新华书店经销
字数 257 千字　787 毫米 × 1092 毫米　1 / 16　19.5 印张
2019 年 5 月第 1 版　2021 年 6 月第 2 次印刷
ISBN 978-7-5596-3062-9
定价：79.00 元

版权所有，侵权必究
未经许可，不得以任何方式复制或抄袭本书之部分或全部内容
本书若有质量问题，请与本公司图书销售中心联系调换。电话：010－82894445

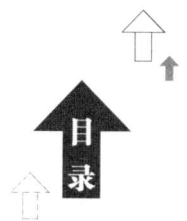

前 言 / Ⅶ

全面预算管理的困惑和颠覆

◎ 第一节　为什么说全面预算管理非常难做　/ 003

◎ 第二节　预算管理实践中的常见问题　/ 005

一、不识预算管理真面目，只缘身在迷雾中　/ 006

二、预算编制、执行两张皮，考评不知所措　/ 008

三、公说公有理，婆说婆有理　/ 010

◎ 第三节　财务部门为何陷入预算控制死结　/ 012

一、我怎么知道业务部门编制、调整预算的理由、依据是否合理　/ 013

二、业务部门是一线，我哪有权力管他们　/ 013

三、进行预算控制要么一管就死，要么一放就乱　/ 014

◎ 第四节　预算管理是什么，有什么用　/ 016

一、预算是什么　/ 016
二、搞清目标、计划、预算的关系　/ 018
三、预算管理的本质是什么　/ 020
四、实施预算管理能让大家提高思考能力　/ 021
五、实施预算管理能保证公司上下一心，完成预算目标　/ 025

◎ 第五节　如何理解动态预算彻底颠覆传统预算　/ 027

一、传统预算存在哪些问题　/ 027
二、动态预算的性质和规则　/ 028
三、为什么动态预算可以让管理做到收放自如　/ 033

全面预算管理的组织

◎ 第一节　组织流程——让预算管理走出财务的大门　/ 041

一、预算管理不是财务部门自己的数字游戏　/ 041
二、预算管理不能等同于财务预算　/ 043
三、成功的预算组织流程是什么　/ 044

◎ 第二节　组织模式——建立科学有效的预算组织模式　/ 044

一、大部分公司都搞错了预算组织模式　/ 044
二、全面预算管理是一把手工程　/ 046
三、预算管理一把手的三个关键控制节点　/ 052

第三节　财务定位——财务部门在预算管理中的功能　/ 056

一、财务部门要主动推行预算管理　/ 056
二、财务部门在预算管理中的能力短板　/ 059

第四节　预算破冰——让预算管理有良好的运作环境　/ 061

一、什么是预算管理破冰　/ 061
二、预算破冰的常用方法　/ 062
三、预算破冰的注意事项　/ 062

第五节　组织架构——按预算管理要求调整组织机构　/ 066

一、常规预算组织机构应当如何设置　/ 066
二、预算组织各级机构的职责　/ 067
三、预算管理委员会为何会名存实亡　/ 069

第六节　运行机制——建立行之有效的预算管理制度　/ 071

一、预算管理制度的框架　/ 071
二、建立预算管理制度的注意事项　/ 072
三、预算管理制度如何落地　/ 074

第七节　保障机制——保证预算编制质量和执行效果　/ 091

一、如何为公司量身定制预算编制大纲　/ 091
二、预算"两会"为什么非开不可　/ 101
三、预算启动会如何召开才能保证效果　/ 103

03 全面预算管理的编制

◎ 第一节 下达目标——让公司的目标体系合理有效 / 109

一、公司战略规划的四大利器 / 109
二、预算目标形成的三大策略 / 120
三、预算目标制定的两种流程 / 130

◎ 第二节 分解目标——让每个人自动自发达成目标 / 133

一、分解目标的惊人效应 / 133
二、分解目标的思考维度 / 134
三、职能部门的目标体系 / 135

◎ 第三节 编写计划——让工作计划承上启下 / 137

一、没有计划,预算只能是数字游戏 / 137
二、既然计划赶不上变化,为什么还要编写计划 / 139
三、适应变化,切换思维,编写合理的计划 / 141
四、如何建立公司层面和各职能部门的计划体系 / 143

◎ 第四节 编制草案——高效地配置资源 / 157

一、公司预算编制实践中突出的问题是什么 / 157
二、预算编制必须遵循的三大规则 / 159
三、预算编制的传统方法在实践中的调整改善 / 166
四、预算编制具体示例 / 171
五、预算编制的表单模板体系如何优化设计 / 185

◎ 第五节 组织答辩——保证预算编制环节的高质量 / 221

一、预算答辩过程中的陷阱 / 221

二、财务能否轻松驾驭预算审核进程 / 224
三、公司和各部门进行预算答辩的模板 / 226

04 全面预算管理的执行

◎ 第一节　预算控制 / 233

一、为什么日常费用报销根本管不住费用 / 233
二、预算控制的重要性和操作规则 / 235
三、为什么预算控制的职责在财务部门 / 239
四、如何打开财务负责人的预算控制死结 / 240

◎ 第二节　预算审批 / 247

一、为什么有了预算，使用预算还要审批 / 247
二、"两抢预算"完全违背了预算管理的初衷 / 249
三、如何设计预算审批单并改造以前的单据 / 253
四、容易出问题的敏感性资产要做预算吗 / 255

◎ 第三节　预算调整 / 257

一、传统的预算调整原则为什么害人不浅 / 257
二、新的预算调整原则为什么能收放自如 / 259
三、各科目之间费用预算可以张冠李戴吗 / 262
四、预算调整影响利润目标的实现怎么办 / 264
五、为什么不建议企业实行滚动预算 / 265
六、预算管理实践综合案例 / 267

◎ **第四节　预算分析** /269

一、为什么要特别重视预算分析　/269
二、如何保证预算分析形式上和实质上都到位　/270
三、如何设计预算分析程序以保证分析质量　/272

◎ **第五节　预算考核** /278

一、预算考核面临哪些困惑　/278
二、可以奖励预算节约额吗　/283
三、可以考核预算准确度吗　/284
四、如何量化预算指标考核　/286
五、如何定性考核预算成效　/291

总结　正确理解预算管理的价值和作用　/293

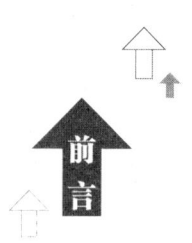

前言

谈到预算管理这个话题,业内人士一般都会提到美国管理学家戴维·奥利,他有一句名言被奉为预算管理界的金科玉律——全面预算管理是为数不多的几个能把组织内所有关键问题融于一体的管理控制方法之一。这句话展开来看,全面预算管理就是将公司的战略规划、目标管理、计划管理、运营控制、财务管理、过程控制及绩效管理等整合在一起,上承战略,下启绩效,中间衔接运营,把公司的产供销人财物、各个职能部门和业务单元、高管中层基层所有人员、事前事中事后所有控制统统纳入一个管理体系的管理控制方法。

预算管理的本质,就是围绕公司及部门目标,通过预算编制过程实现对公司资源的组织和配置,通过预算执行过程强化对业务行为的管理和控制。实施预算管理，可以改变公司每个人的心智模式，让其养成思考的习惯，提高思考的能力；可以控制过程的偏差，确保年初下达的目标得以实现，让战略落地，让运营高效，让绩效双赢！

预算管理有三个显著的特征：综合性强、涉及面广、量化度高。所以，人们习惯把预算管理叫作"全面预算管理"，即全员、全方位、全过程。为了突出预算对战略的承接作用，就有了"战略预算"的说法；为了强调预算对绩效的保障作用，就有了"绩效预算"的说法；为了凸显预算对运营的协调和过程的管控，就有了"预算控制"的说法。

预算管理的实践起源于英国，发展于美国，至今已有上百年的历史，目前，世界500强企业100%都在实施全面预算管理，西方中小企业甚至微型企业，预算管理使用率也在80%以上。所以，我们不用怀疑预算管理的价值和作用。

我从大学毕业以后一直在公司一线从事财务管理工作，一做就是二十多年。我在财务总监的岗位上曾经做过两个噩梦：

一是资金管理噩梦。越管控资金，发现应收账款越来越多，存货规模越来越大，死呆账问题越来越突出，资金链的安全越来越让人担心。更要命的是，太多的总经理对待现金流管理的态度，就像对待家里的抽水马桶，只要不堵塞，他们根本意识不到现金流管理的重要性。他们总是认为应收账款、库存、固定资产多一点，对销售、生产、采购等供应链系统是有帮助的。

二是预算管理噩梦。说到预算管理，每个人都觉得很有必要，可是每个人又感到十分头疼。实施预算管理，很快就把公司管死了；不实施预算管理，公司又是一盘散沙。进行预算管理，公司没得到什么实质性的好处，而财务部门却得罪了所有人，成为矛盾的焦点、攻击的对象……

我经常在思考一个问题：我们的预算管理，问题究竟出在哪里？多年的一线预算管理实践告诉我,问题首先出在"道"上,就是说公司高管对预算管理内在规律的理解出了问题。俗话说,"问题出在前三排,根源在于主席台",这句话放在预算管理上非常贴切:公司高管不明白预算管理是怎么回事、对公司有什么作用、如何发挥作用,不清楚预算管理的运行机制如何,不知道实施预算管理要创造什么样的环境、扫清什么样的障碍、具备什么样的条件。其次是"法",公司的中层或骨干人员未能掌握预算管理的基本方法和基本技能,而传统的预算管理书籍又进一步让他们误入歧途。最后才是"术",即基层人员在具体操作层面上的编制、执行等。其实"术"的层面问题不大,但是没有搞过预算管理的人,总觉得不会编预算才是大问题。而几乎所有的公司第一年实施预算管理,都能把预算表单编出来。因为公司的财务人员都会编会计报表,自然就会汇总编制预算报表,唯一的区别是,会计报表根据过去的数据汇总编制,预算报表根据未来的数据汇总编制。所以,预算管理存在的问题就是"6,3,1"——60%的问题出在公司高管的预算理念,30%的问题出在中层骨干对预算方法的掌握,10%的问题出在基层对预算的编制。

所以,很多公司实施预算管理多年了,回过头来总结时觉得:预算管理形式上是做起来了,实质上却没有什么效果。还有很多公司大发感慨:不搞预算还好,搞了预算,成本费用反而上去了,预算管理最终成为费用膨胀的罪魁祸首。他们非常困惑:一实行预算管理,收入和利润指标总是完不成,但是成本费用指标却完成预算甚至超预算了。以至于一实行预算管理,大家拼命低报收入和利润指标,夸大困难和障碍,导致只能达成最低指标和最低绩效,经营陷入无解的局面。

目前市场上,在预算编制这个"术"的层面,相关书籍很多,培训也很多。本书的切入角度独辟蹊径,会在预算思想和预算方法上带给大家更多的启发、思考和借鉴。当然了,有些公司和朋友之前从没有接触过预算管理,他们需要落地的工具和方法，因此，书中也会提供完整的、成熟的预算管理制度模板和预算编制表单体系，让大家少走弯路，让预算思想和预算方法快速落地。

本书观点不能说独一无二，但也算别具一格、独具匠心：

* 源自一线实践（二十多年的企业一线财务管理实战）。

* 颠覆传统预算（完全不同于传统预算的理念和方法）。

* 基于组织目标（保障公司目标和部门目标顺利达成）。

* 提升管理能力（提高思考能力，保障资源优化配置）。

* 突出过程控制（强化执行力和过程纠偏及柔性应对）。

本书适合人群如下：

1. 公司高管及积极上进的公司中层或骨干人员。不必担心内容晦涩难懂，因为本书根本不涉及会计专业知识，书中介绍的完全是一套保障战略落地、运营顺畅、绩效双赢的系统的管理方法论。

2. 财务负责人、预算管理负责人及有志于成就财富人生的财务人员。在此提醒各位财务伙伴：请摒弃之前所接触的传统预算方法的思维，从公司全局管理的视野和高度来阅读本书。

3. 财经院校学过管理会计课程的大学生们。若你觉得大学里这门课程的预算管理相关内容晦涩难懂、了无新意、无法应用，建议你仔细阅读本书，本书能帮你迅速提升经营管理实战技能。

4. 在创业阶段或准备创业的朋友。本书可以帮你全面系统地掌控公司运营，提升能力，实现目标。为什么营业收入停滞不前？为什么利润目标总是难以实现？为什么你对员工的能力素质总是不满意？……本书就能为你揭晓答案。

5. 本书是一本彻头彻尾的管理书籍，介绍的是一种系统的管理方法论，与财务核算无关，与会计报表无关。

限于我的水平和经历，书中定有疏漏、不妥甚至失误、错误之处，诚心欢迎各界人士、财务同仁、读者朋友踊跃批评、指导、点拨，一起让这本书更完善、更实用。

好吧，让我们带着下列问题，正式开始预算管理领域的交流和分享：

* 为什么很多公司年初制定的目标到年底都完不成？

* 为什么很多公司年初制定的目标都被压得低低的？

* 为什么说公司董事长、总经理不懂预算管理，失败几乎如影随形？

* 很多专家说预算管理是管理会计的一种方法，你有没有受到"毒害"？

* 为什么让销售部门增加销售收入，销售人员却挖空心思要求公司降低价格、增加赊销、增加提成、提高费用？企业管理本来应该是以思想支配行动，在这里怎么都变成了简单、鲁莽的本能反应？

* 任正非说，我们永远强调在思想上艰苦奋斗，思想上艰苦奋斗是勤于动脑，身体上艰苦奋斗只是手脚勤快。那么，如何建立一种长效机制让企业的高管、中层和员工都能自动自发地勤于动脑？

最后，衷心希望并期待各界人士能够在自己的经营管理实践中创造出卓越的全面预算管理应用案例。

钱力

2019 年 3 月 18 日

01
全面预算管理的困惑和颠覆

第一节　为什么说全面预算管理非常难做

全面预算管理体系涵盖了公司各个职能部门、业务单元、分/子公司，囊括了公司高管、中层、基层所有成员，纳入了事前、事中、事后所有控制（见图1-1）。

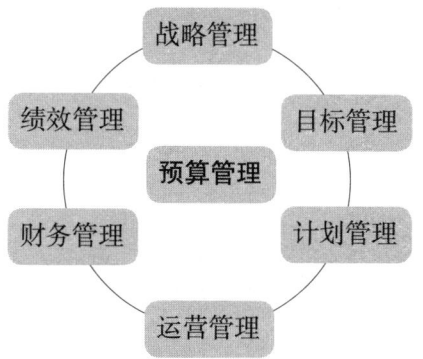

图1-1　预算与组织内关键点关系图

我们发现，很多公司的管理就像一阵风：前年定个主题叫"战略管理年"，制定了比较满意的战略规划，结果发现战略落不了地；去年定个主题叫"目标管理年"，制定了比较完善的目标体系，结果发现目标不是没法完成，就是被下属压得低低的；今年公司准备主题叫"绩效管理年"，若结果还是不满意，不知道明年又会换成哪一个主题呢？

上述管理要不要学？当然可以学！可是单纯地去抓某一个管理项目，而不是把它放在一个体系中去持续改善，就失去了管理系统中各环节的相互支持与衔接，未免落入头痛医头、脚痛医脚的管理陷阱，因为：

* 长期战略规划是需要转化成年度目标管理来衔接的；

* 年度经营目标是需要转化成具体行动方案来实现的；

* 具体行动方案是需要公司优化配置的资源来保障的；

* 所有业务事项和资源配置都是需要经过过程控制的；

* 绩效管理是需要经营管理者能力提升和过程纠偏的。

其实只要将全面预算管理扎扎实实学到位、用到位就好了！这个体系按照上述业务流程环环相扣，形成一个管理闭环，保障战略落地，促进能力提升，强化执行到位，达到绩效双赢！

纳入一个体系进行管理，确实不易。因为数字背后装着的是整个公司的战略、运营及绩效，一旦缺少对战略的承接、对业务的了解、对管理的认知、对沟通的把握、对过程的控制、对绩效的评价，预算往往会沦为一场数字游戏（见图1-2）。

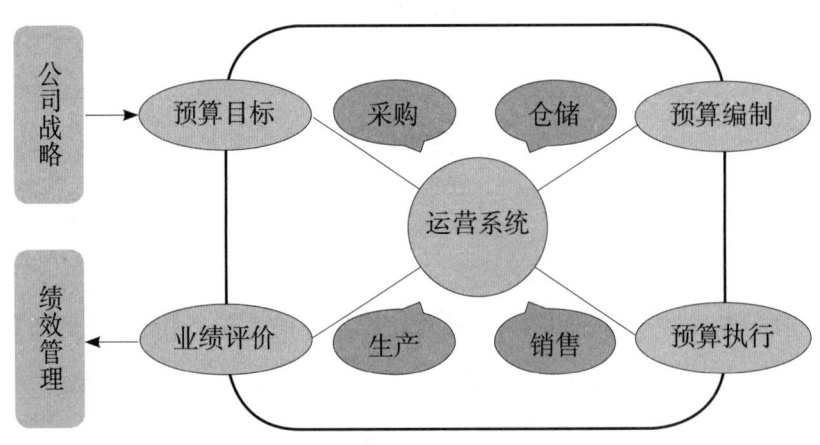

图1-2 预算与战略、运营、绩效的关系

所有预算都要进行量化，所以大家常常把预算称为财务预算，也常常把预算当作财务部门的事情。这是不少公司实施预算管理失败的最大原因！

预算管理作为一个体系，把公司的战略、目标、计划、运营、绩效等各个环节都整合进来了，其实是公司层面的一个庞大的系统工程，在管理和协调上的难度非常大。请问，财务作为公司的一个职能部门，仅凭一己之力，无论是从职权、职责还是能力来看，推得动战略管理吗？推得动目标管理吗？推得动计划管理吗？推得动运营管理吗？推得动绩效管理吗？财务的强项在于核算，而上述体系运作的要求基本都是财务的能力短板！所以，一家公司只要认为预算是财务部门的事情，其预算管理必然面临失败的命运！

杰克·韦尔奇曾经言辞激烈地抨击预算管理："预算管理是美国公司的祸根，它根本不应该存在！制定预算就等于追求最低绩效。你永远只能得到员工最低水平的贡献，因为每个人都在讨价还价，争取制定最低指标！"注意他说的三个关键词：祸根、最低绩效、最低指标。他在通用电气花了7年时间才打开这个著名的"预算死结"，让预算管理重获新生！

第二节　预算管理实践中的常见问题

本节我们跟大家讲3个案例，这3个案例设置了12个典型问题，本书的目的就是要解决这12个问题。把这些问题都解决了，预算管理实践中会遇到的问题就迎刃而解了。

一、不识预算管理真面目,只缘身在迷雾中

案例 1-1

随着公司人员的增加和销售量的增长,陈总越来越意识到管理和控制的重要性。于是集团公司年初提出了"以财务管理为中心,以预算管理为核心,全面提升经营管理能力"的指导方针,特别指定集团公司财务总监钱总全面负责此事,充分授权钱总开展预算管理工作。如此这般安排以后,陈总本以为到年底就可以听取有关"集团公司推行预算管理成效显著"的汇报了。可是,还没到国庆节,钱总找上门来,说是预算管理推行极不理想,自己得罪不少人不说,大家对财务部门的抵触情绪也越来越大;年初编制的预算现在看来就是一堆废纸,没人拿它当回事,更别指望实现年初目标了。这样的消息让陈总感到十分意外和困惑,多年的经营与管理经验告诉他,这样的事不能仅听钱总一面之词,他决定召开一次预算工作专题会,让大家畅所欲言,找出问题到底出在哪里。

2017年9月15日,星期五,×××集团公司大会议室。

集团公司财务总监钱总:

"集团公司今年首次推行预算管理,由财务部牵头进行。为此,财务部做了大量的基础工作,包括下达预算管理制度、编制预算表单模板、组织培训、汇总预算、平衡预算、预算指导等。但是经过半年多的执行,各公司、各部门普遍反映没有收到效果,甚至有些单位明确表示实施预算管理弊大于利,劳民伤财,不如不搞。从预算控制的角度看,咱们公司预算执行情况也很不理想,偏差太大……希望大家开诚布公地把自己的意见和建议都提出来。"

集团公司财务部吴部长:

"我先说说,集团公司推行预算管理,我起初是举双手双脚表示

赞成的。所以年初任务一下来，我就和财务部所有人员加班加点地进行各项预算准备工作。为了把这项工作做好，我们查阅了大量书籍和资料，参加了一些培训，起草了预算管理制度。考虑到公司刚开始推行预算管理，大家都没有经验，我们还为各子公司各部门设计了预算编制表单模板和编制大纲，包括哪个表格填什么数据等都给出了指导，我们能做的该做的都做了，可是结果呢？到了上报预算的时间节点，要么不提交，要么交上来的全都犯低级错误甚至是敷衍了事；催大家报预算执行分析表和行动改进方案，全以忙工作为由推脱，有的人甚至跟我们说，一看到是我们的电话就不接了。这种吃力不讨好的事情让我们很憋屈，现在看来我们财务部实在是没有办法负责这件事了！"

子公司徐总：

"我想问一句，对于咱们公司来说，预算管理有用吗？首先，为了这一大堆表格，我们公司财务部连续一周天天加班，总算弄出来一个交上去了，结果上面又说目标太低了，让我们重编。

"再看看我们的预算和实际经营情况，简直就是预算和执行两张皮，一个天上一个地下。不是我不明白，这世界变化快！别的公司我不敢说，反正我们公司的市场变化太大了，什么都在变，随时都在变，我们花那么多时间、那么多精力弄这些表格，究竟有什么用啊？"

集团公司研发总监韩总：

"其实预算就是财务部的事情，说白了就是数字游戏！我都不知道为什么让我参加这个会议。"

…………

最后，由集团公司陈总进行总结：

"很感谢大家的积极参与！通过今天这次讨论会，我发现我们公司在预算管理方面还存在许多问题，公司将进行认真研究，必要时请专家来帮助解决。

"大家普遍认为预算管理是财务部的事情，认为预算就是报表加数据，这个观点肯定是不对的，但是怎么去看待这个问题，还有待研究。

"咱们公司是否真的需要预算管理，预算管理的目的和作用到底是什么，也需要从根源上去解开疑惑……"

这个案例活灵活现地把初次实施预算管理的公司将会遇到的主要问题一一展示出来了。第一个问题是，生产部门认为财务部吃饱了撑的，没事瞎折腾。第二个问题是，研发部门认为预算管理是财务部的数字游戏，与己无关。第三个问题是，销售部门认为计划不如变化快，销售没法做预算。第四个问题则是，各部门都在消极对待，设置障碍（见图1-3）。

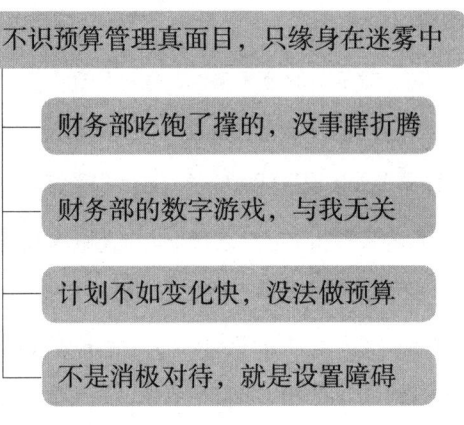

图1-3　初次实施预算管理的企业面临的主要问题

二、预算编制、执行两张皮，考评不知所措

案例1-2

销售经理："集团公司提前3个月就要求制定下一年度分解到月度的预算，还是以销售预算为起点，我们真是为难得很。我们是一线

人员，最清楚市场朝令夕改的情况。我们的产品以女士流行服饰为主，说不定什么时候流行趋势就变了，而且每个季节都不一样，怎么可能提前那么多天制定准确预算呢？如果生产部门真的按照这个预算去组织生产，那才是有毛病呢！我们真正销售和要货的时候都是按客户订单进行的，大多数订单都是来得急也要得急，计划赶不上变化。我看这个年度预算就是个空壳子，不要也罢。"

工厂厂长："销售预算是难做，这我们也理解。但是如果没有计划，我们怎么安排生产呀？此外，采购部门也要我们提供数据，否则采购物资和财务资金的准备就跟不上，耽误了订单算谁的呀？在这里我对财务部门也有点意见，审批流程太复杂了，周期又长，内耗太大了。"

财务总监："每个部门和子公司总是以各种理由出现预算外事项，导致预算外的事情和金额比预算内还要多，审批手续当然要复杂和严格了。财务部一向是得罪人的部门，我也不好办哪。还有，每次要求各责任中心对预算偏差进行说明的时候，大家都敷衍了事，也没有差异分析和改进措施，预算工作真不好做！"

人力资源总监："我们部门每个月做工资表的时候才为难呢！如果真按预算执行结果进行考核，大家的工资都扣光了。所以每个月都要请示老板如何处理，弄得有制度没法执行，老板也是一头雾水。"

这个案例中出现的问题（见图1-4），实施预算管理多年的公司或多或少会存在一些。让我吃惊的是，有些上市公司实行预算管理都七八年了，上述问题竟然无一例外地全部存在！而且你会发现，案例中，销售经理、工厂厂长、财务总监及人力资源总监所说的都是客观情况，并不是单纯地推卸责任。那么，在实施预算管理的过程中应如何看待并解决这类问题呢？这是我们后续要和大家交流的重点所在。

```
编制敷衍了事，执行随心所欲，考评茫然无措
    └─ 说归说，做归做，编制、执行两张皮
    └─ 财务部成为矛盾的焦点、攻击的对象
    └─ 预算执行和分析形同虚设
    └─ 预算考评搞得行政和老板一头雾水
```

图1-4　实施预算管理多年的公司存在的主要问题

三、公说公有理，婆说婆有理

案例1-3

每年10月开始编预算，到年底总公司批复预算，周而复始的漫长的预算编制周期常常让财务人员感到疲惫不堪。而且，尽管预算编制是公司的一项重要工作，但在财务人员看来，这只是一场明争暗斗、劳心费力的数字游戏而已！

10月下旬的某一天，×××子公司财务部吴经理收到总公司的年度预算编制通知，他叫来了预算科的郑敏进行预算工作布置："明年的预算要在11月底前上报总公司。你给各职能部门、各业务单元发一个通知，让他们在10月底前上报明年的预算。另外，让设备科、财务科配合你一下，把今年的会计报表和明年计划的投资项目提供给你。你和同事加几天班，提前几天把预算弄出来，先报我和总经理审核一下。"

半个月后的一个周末，郑敏通知下属周末加班编预算。下属面有

难色:"科长,恐怕有困难,我们下发通知的时间太紧了,很多部门来不及编制,现在只交上来不到一半呢。"

郑敏见怪不怪:"我知道时间确实紧了点,估计他们也交不上来。不过没关系,他们报他们的,我们编我们的,反正他们只会要钱报费用,收入和利润从来都压得低低的。按他们的结果编,我们自己都通不过,何况总公司呢?下面我交代一下编制的原则:总的原则和去年一样,保守一些,替我们的老总多想一想,总得让他通过考核,大家才有好日子过嘛。"

接下来的十来天,预算科的办公室每天深夜都灯火通明,郑敏带着下属们紧张地计算着每一项收入、成本、投资、融资。11月中旬,一套完整的预算表单出炉了。吴经理审核后很满意,只是叮嘱郑敏把造成收入下降、费用上升的理由说得再充分一些。郑敏会意地一笑,按吴经理指示做好后把预算发给了总公司。预算编制的第一阶段圆满完成。尽管她和吴经理都知道,他们的预算目标一定不会被采纳。

12月中旬,吴经理又把郑敏叫去了。"这是总公司决定下来的每个子公司明年的收入指标和利润指标,你给他们发下去,让他们按这个把预算调整过来,12月底之前报上来。"

郑敏看了一下总公司下发的指标,跟往年一样,就是要求收入和利润增加一点,成本和费用降低一点,资本性支出大幅削减。只是今年总公司要求调整的幅度太大了,一看就是没法完成的,可是这是上面的指令,没办法,郑敏只能硬着头皮重新调整所有的预算表单。

于是,按总公司的时间要求和指标要求,她和下属又加了几天班,把预算调整好上报给总公司了。同时,将此预算目标分解到下属各业务单元、各职能部门。在年度经济工作会议上,子公司总经理和各个部门的负责人牢骚抱怨一大堆,无奈之下,子公司与总公司、子公司各部门与子公司分别签订了明年的业绩合同。

至此,一场数字游戏宣告结束!

这个案例所揭示的问题几乎所有公司都存在，让公司的老板头痛不已。其实这就是杰克·韦尔奇的预算死结（见图1-5）。

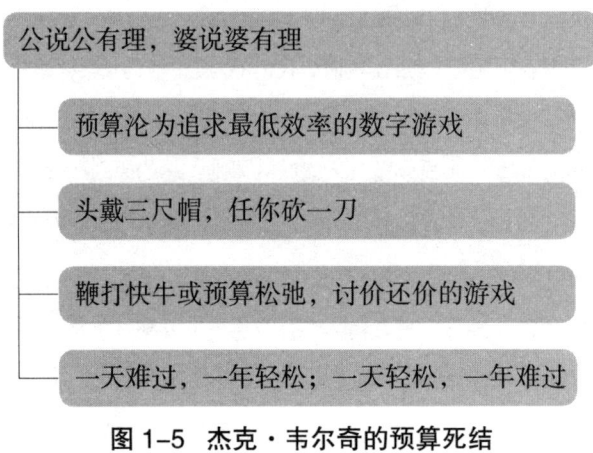

图1-5 杰克·韦尔奇的预算死结

第三节 财务部门为何陷入预算控制死结

在公司没有实施全面预算管理之前，财务人员可能会觉得自己的能力尚可，尤其在账务处理方面游刃有余，感觉良好。可是一旦公司实施全面预算管理，财务负责人就会觉得自己简直是个低能儿，不懂业务、不善沟通、不能平衡、不会变通等能力短板立即暴露无遗（见图1-6）。

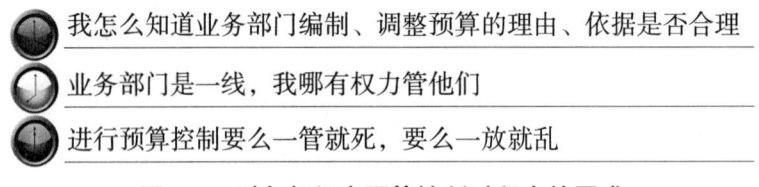

图1-6 财务部门在预算控制过程中的困惑

一、我怎么知道业务部门编制、调整预算的理由、依据是否合理

例如，编制预算的时候，销售部门说明年广告费预算需要 1000 万元，而去年实际发生额为 500 万元。财务负责人在参与预算审核时就会非常困惑：为什么广告费要翻一番？这么多的广告费投下去能增加多少销售额？承诺的销售额如果不能实现怎么办？这些广告费准备如何投放？……同理，在预算调整的时候，财务负责人也会陷入困惑：研发部门要求研发经费从年初的 1000 万元调增到 2000 万元，研发总监用 100 多页的 PPT 来说明调增的理由，结果财务负责人还是听糊涂了，不知道研发部门说的这些理由是真的还是假的，是真需要调增到 2000 万元，还是 1500 万元就可以了，甚至根本就不用做调整；也无法判断新产品投放市场的时间节点能否把控，市场效果能否预期，研发经费投放在新产品的功能、技术、质量、外观、体验方面的比例如何……

这些问题的解决，依赖于财务负责人知识面的宽度、参与业务的程度、寻求总经理指导的频率等，还依赖于预算编制的要求、预算调整的流程、预算分析的程序、预算考核的导向等。在这些问题的牵引下，财务部门能够迅速地从会计核算向财务管理转型，真正为企业解决问题，创造价值。

二、业务部门是一线，我哪有权力管他们

业务部门在预算编制阶段常常高报成本费用，低报销售收入。财务部门进行预算平衡的时候，业务部门就会加以威胁："如果砍掉我的费用，业务受到影响我可不管！"财务部门被业务吓得手一抖，就放马让他们过去了。总经理责问财务怎么回事，财务说："我也想坚持原则，我也想发挥预算的作用，可业务部门是一线，我哪有权力管他们？"各位财务人员

可以回想一下，在你们的公司里面，财务部门被定位成几线？有些可能是一线，但极少是这样的；有人说如果有二线，我们就是二线，如果有三线，我们就是三线，反正我们是最后一线，因为财务要站好最后一班岗嘛。在这种环境下，所有人都把财务定位成后勤服务部门，包括总经理、横向职能部门还有财务自己都是这么认为的。请问，在这种情况下要进行预算管控，怎么能管控呢？确实有点不敢管，管不了，也没能力管。

这类问题的解决，依赖于财务部门负责人自身的定位和作为。有为才有位，财务人员要努力改善财务部门的生存发展环境，对预算管理有正确的理解和认识，能够掌控合理有效的预算控制的方式方法。

三、进行预算控制要么一管就死，要么一放就乱

实施预算管理以后，绝大多数总经理慢慢就会开始埋怨财务了：利用预算进行控制，不是特死板，就是什么也管不了。

总经理希望财务在包括预算管理在内的财务管理方面做到这几个字——到位不越位。

案例 1-4

某公司采购经理到财务总监办公室办理采购付款单，本次申请付款总额 500 万元。

财务总监："为什么要付这家供应商 500 万元？"

采购经理："当初与这家供应商谈定的铺底货款是 300 万元，现在我公司账面应付账款上反映欠其 800 万元，按照合同约定是应该付他 500 万元呀。"

> 财务总监:"请问,我们的客户都能按照合同约定的回款日期不折不扣地回款吗?这显然是做不到的。既然客户经常拖欠我们的货款,我们哪有能力都按照约定条件付款呢?"
>
> 采购经理:"钱总,那你看本次可以付多少呢?"
>
> 财务总监:"300万元!"
>
> 采购经理:"好,那就先付300万元。"
>
> 财务总监:"为什么都是付现款?我们的销售回款大部分是银行承兑汇票,我们去银行贷款,银行也要求我们开承兑汇票做回报。我们手头的承兑汇票用不掉只能拿去贴息,光这一项,企业一年就要损失1000多万元!"
>
> 采购经理:"那你说要怎么一个付法?"
>
> 财务总监:"我建议全部付银行承兑汇票。"
>
> 采购经理:"好,就按你说的办。"
>
> 请问,财务总监的做法是不是在维护企业的利益?
>
> 第二天,采购经理急匆匆地跑进财务总监办公室:"钱总,大事不好了,昨天那家单位发来一份通知,要求我们从此以后款到发货,如果付款方式是承兑汇票,价格上再加3个点。他们已经停止给我们发货了,钱总,能不能帮我们去处理一下啊。"这回财务总监就变得非常被动了。

这个案例展现的场景是不是在财务工作中非常普遍?财务工作为什么总是处处被动?我们的初衷完全是一心为公,可是谁又领这个情呢?这就叫作"越位不到位"。我们需要经常思考的一个问题是,在什么地方应该放,在什么地方应该收?属于业务职权范围的必须放,属于财务监控范围的必须收,真正做到"收放自如",这样别人感到轻松愉快,自己也履行好了财务职责。

在这个案例上，财务总监应该怎么做，才能达到收放自如的效果呢？

对于某个具体的供应商，他能接受付多少款，他是否接受银行承兑汇票付款方式，可以接受的比例是多少，谁最清楚？谁在一天到晚跟供应商打交道？显然是采购经理。这里是属于放的地方。哪里需要收呢？每个月对公司的采购付款总额或应付账款余额进行总额控制，对银行承兑汇票占付款总额的比例进行控制！在双重控制下，采购经理会自我判断自我平衡，哪个供应商可以付多少货款，可以拿多少银行承兑汇票。财务部门只要监控他有没有超合同约定付款、有没有异常付款等就可以了。

第四节 预算管理是什么，有什么用

一、预算是什么

首先请思考一个问题：一年忙碌下来，为什么很多企业、很多业务单元、很多职能部门都完不成年初下达的目标？为什么绩效管理会成为企业公认的难题？

有人说是因为年初下达的目标过高，也有人说外部环境出现了重大变化而预算目标未能及时调整。有道理，但是请换位思考一下，这种情况其实从另一个角度看，也可以理解为下属的经营管理能力相对于上级的目标、要求和期望来说有距离。

案例 1-5

总经理在 10 月份的预算启动会上，要求财务部门明年降低成本费用 2000 万元，主要从降低融资成本、闲余资金理财、税务筹划避税等途径着手。财务总监马上就跟老板急了："总经理，今年我们部门花了九牛二虎之力最多能降低各项成本费用 500 万元，明年指标定 2000 万元，根本就是不可能完成的任务嘛。"总经理听了非常生气："怎么就不可能完成了？你以为这个指标我是拍脑袋下给你的吗？我在行业内曾经了解过，和我们同等规模的企业，他们的财务部门最近连续几年降本都在 2000 万元左右！至于明年如何降低成本费用，你和你的部门想都没想过，做都没做过，凭什么就说不可能完成呢？！"

其实财务总监若能调整一下心智模式，结果可能就大不一样了。财务总监应该以积极主动的心态来对待这个目标：我们团队的能力相对于这个目标来说有差距，我们暂时还没有找到足够的方法来保证这个目标的实现。

在这种心态的引导下，财务总监与总经理的交流方式就会完全不同："报告老板，我们一定想办法实现这个目标！现有的降本方法对实现目标而言还有很大的差距，我马上回去发动所有的财务人员群策群力，想办法想方案，通过向老师、同行、朋友请教，以及通过书刊、互联网查询等多种方式来打开思维，寻找方法，一个月以后专题向您汇报。"

一个月以后，财务总监带着财务团队的降本方案向总经理汇报，总经理和经营班子其他成员可能会提出一些改善建议。财务总监抓紧去落实，然后再向总经理汇报。总经理这个时候可能会说："根据调整后的降本方案，预计可以降低成本费用 1000 万元左右，看样子

> 2000万元的目标确实高了一点。这样吧,给你们财务部门两个目标:底线目标1000万元,这是非完成不可的,如果没完成,按缺口部分的5%予以处罚;进取目标1500万元,超过1500万元的按超额部分的10%予以奖励,你看怎么样?"
>
> 看到没有,目标的高与低,一定要让你的上司自己意识到。你可以引导,但下调目标的决定必须由他自己主动做出。上司觉得你们真的尽力了,而他暂时也没有更好的思路供你参考,他一般就会主动调整目标。

心智模式一旦调整过来,目标过高问题就转化成能力不够、方法不足的一面了。所以,我认为目标常常完不成主要缘于两大问题:一是经营管理者的能力素质有待提高,否则他想不出有效的行为方案,只能按习惯行事;二是能力素质是够的,不缺方法措施,缺失的是执行力和过程纠偏,导致有效的行动方案执行不到位或调整不及时。

而预算管理恰恰就能根治这两个问题,或者说预算管理就是为解决这两大问题而产生的:

预算管理在预算编制阶段,通过资源配置,驱动大家想方设法找出合理有效的行动方案,保障目标可以实现。

预算管理在预算执行阶段,通过过程控制,结合环境变化适时调整预算,保障预算方案执行到位。

一句话总结,预算是基于目标的资源配置和过程控制。

二、搞清目标、计划、预算的关系

目标、计划、预算的关系,是本书最重要的预算管理理念(见图1-7)。首先确定目标(做什么事)。企业先确定整体目标(主要是收入目标和利润目标），然后职能部门将企业目标分解为部门目标。企业目标和部门目标统称为组织目标。没有目标，不需要做预算，也不可以做预算！

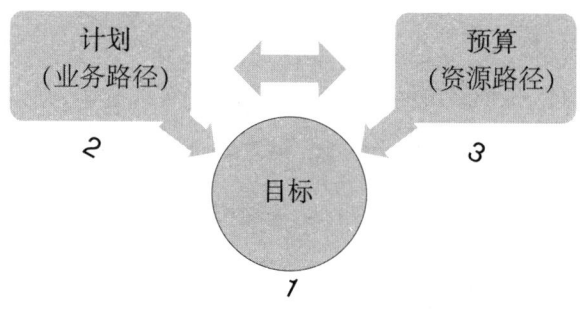

图1-7 目标、计划、预算的关系

接着寻找方法（如何做事）。在这里，我们把计划定位成行动方案，也叫业务路径，因为计划直接对应的就是业务活动、业务行为，表现为如何开展业务、推进业务。有了目标，接下来至关重要的就是你能不能脑洞大开，想方设法地找到合理有效的方法措施来确保目标的实现。

然后匹配资源（如何花钱）。要开展业务，要做具体的事情，就会有花钱的问题。花钱就是我们所说的预算。所以在有行动方案（业务路径）之前不要做预算，否则预算就是无本之木、无源之水，预算就是数字游戏！花钱必须遵循一个原则：以最小的投入追求最大的产出，也就是投入产出效率最大化。这是有限资源观念所决定的，也是预算管理机制的目的所在。行动方案是不是真正合理有效，是需要通过如何花钱来论证的，这叫作资源路径。资源路径合理，业务路径就合理，资源配置就得以优化。例如，两家单位是竞争对手，一家思维固化，沿用传统的方式投放广告进行促销，投了1个亿没见到什么效果；而另一家适时切换互联网思维，改用新媒体的方式寻找客户，影响客户，只投了500万元，但是营销效果却出乎意料地好。可以说，第一家无论是业务路径还是资源路径，都没有找对。

从上述目标、计划和预算的关系来看，预算管理其实就是在计划管理的基础上往前走了一步。计划管理是围绕目标把行动方案找出来，至于怎么花钱，花钱合不合理，它不管。预算管理呢，除了找出行动方案，还要考虑怎么合理花钱。国外企业、外资企业的预算管理效果普遍较好，因为他们在战略管理、目标管理、计划管理上已经有经验了，然后在此基础上往前走一步——怎么去合理地花钱，预算管理就水到渠成了。但是我们很多的企业，战略、目标、计划的管理基础都很薄弱，直接上预算管理，难度就大得多。

寻找合理有效的业务路径和资源路径，目的就是确保目标能够实现，我们把它叫作"两条路径保障"。预算管理就是目标-路径式思维。在没有实施全面预算管理的企业里常常可以见到这种现象：

* 上司拍脑袋制定一个目标（这个目标的合理性未经下属的两条路径检验和论证）；

* 下属拍胸脯保证完成任务（至于实现目标要有哪些方法、需要什么资源，并不清楚）；

* 最终只能拍屁股走人（此时若能完成目标，那就是瞎猫碰上死老鼠）。

其实，无论是目标、计划还是预算，三者都是面向未来的：为未来而思考，为未来而准备，为未来而行动。上面所说的"三拍现象"正是没有着眼未来、安排未来、掌控未来。

综上所述，没有目标，不要做计划；没有计划，不要做预算。

三、预算管理的本质是什么

从有限资源观念和目标、计划、预算的三者关系来看，预算管理本质上是一种为组织目标保驾护航的保障机制或逼迫机制。

第一，给你一个很有压力的目标，因为资源是有限的，企业给你的资源投入看起来总是不够，让你没有办法酣畅淋漓地花钱办事，让你没有可能每年一成不变地沿用同样的方法就能够轻易实现目标，由此促使你养成思考的习惯。

第二，在目标的驱动下或逼迫下，你必须苦思冥想，必须改变，必须创新，需要保持敏感性，能够敏锐地捕捉灵感，寻找合理有效的方法措施（计划），然后在有限资源的约束下去匹配资源（预算），以投入产出比来衡量两条路径是否真正合理有效。

第三，结合绩效管理来看，最好多用正激励的方式，让预算管理发挥出目标保障的作用，让每一位预算责任人积极主动地想方设法实现下达的目标。

预算管理的本质可以总结如下：

* 预算管理是基于目标的保障（或逼迫）机制（目的）；
* 预算管理是基于目标的资源配置和过程控制（功能）；
* 预算管理让你养成思考的习惯，提高思考的能力（作用）；
* 预算管理可达到战略落地、绩效双赢、目标实现（价值）。

四、实施预算管理能让大家提高思考能力

有一定管理经验的人都知道，无论是中层干部带领一个团队，还是企业高管领导一个系统，领导者和团队都应该具备一些基本的能力素质，我把它总结成团队三性——自主性、协作性、思考性，领导三力——决策力、执行力、思考力（见图1-8）。你会发现，二者的能力模型中有一个共性的要求：勤于动脑、善于思考。

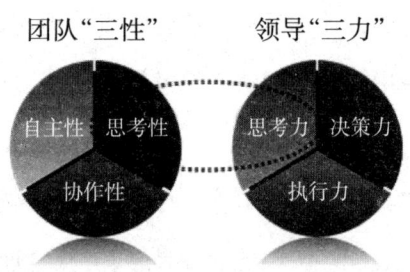

图1-8 团队和领导的能力模型

财务经理、财务总监平时都在带团队，但常常把团队带成"团伙"，只是一群人凑在一起干活而已，成员缺少自主性、协作性和思考性。

思考力是十分重要的一项能力，其实就是发现问题、分析问题、解决问题的能力。那么，如何让大家勤于动脑、善于思考呢？实施预算管理。因为在预算编制阶段，寻找合理有效的业务路径和资源路径，恰好能帮助各级管理者及基层员工提升思考力。我们来看一个案例。

案例1-6

某酒店实行预算管理，总经理下达降本指标给客房部经理，要求客房部洗涤费用在上年100万元的基础上控制到60万元以内。

假设不给客房部下达这个指标，他们就会成为习惯的奴隶：原来怎么做事的现在照做不误，原来怎么花钱的现在照花不误。如果客流量增加了，明年的洗涤费用非但减不下来，还会随着客流量的增加而不断增加。

现在实施预算管理了，客房部经理在这个目标的驱动和逼迫下，会用激励的手段把所有服务人员调动起来：谁在这方面出谋划策奖励谁，点子好的给予重奖。服务人员如果在讨论后还是没有找到好的方法，他们就会在各自的朋友圈中征求方案，向竞争对手学习。以前大家对洗涤费用漠不关心,现在所有人都被发动起来思考同一个问题,这就是实行预算管理的作用。

客房部经理的总体思路是,希望客人住宿的时候不要换毛巾,不要换浴巾,不要换枕头套,不要换床单和被单。总之,能不换的尽量不换,这样就大幅减少了洗涤费用,而且延长了酒店用品的使用期限。可是如何才能让客人支持、配合执行呢?

他们想出来几种方法:

方法一:将一张小卡片摆在床头柜上面,卡片上写着:"如果您觉得暂时不需要更换毛巾或浴巾等用品,请在使用后将毛巾或浴巾放回挂架,谢谢!"效果不是太好。有些客人用过毛巾或浴巾以后,习惯随手一丢,这个提示对他们没有用。

方法二:将一张小卡片摆在床头柜上面,卡片上写着:"如果您觉得暂时不需要更换床单、毛巾等用品,请把这张卡片放在枕头上,谢谢!"这个方法执行后,效果还是不太理想。为什么呢?假设你是客人,入住酒店的时候在床头柜上看到了这个提示牌,你也确实不需要更换那些用品,但你会将提示牌放在枕头上吗?一般不会,因为晚上睡觉的时候你不愿意与这张提示牌同床共枕,而第二天你准备出门办事去了,还会记得把卡片从床头柜转移到枕头上吗?很多人已经将这件事情忘诸脑后了。

方法三:将一张小卡片摆在床头柜上面,卡片上写着:"酒店默认每两天更换一次床单、毛巾等用品;如果您需要每天更换,请拨分机号26,谢谢!"这个方法的出发点是增加客人换洗的难度,让客人知难而退。但是实施以后酒店发现客人投诉增加了:"酒店每天为客人更换洗涤用品是你们应尽的义务,还需要客人打电话来通知更换吗?"这种方法有点过了,站在酒店的角度思考没有错,但站在客人的角度来看,体验不好,所以现在几乎没有酒店使用这种方法了。

方法四:将一张小卡片摆在床头柜上面,卡片上写着:"如果您觉得需要更换床单、毛巾等用品,请把这张卡片(我)放在枕头(床上，让我们一起支持环保工作，谢谢！"服务人员在第二种方法的启发下，很快想到了这种方法。实施下去，效果立竿见影。为了更容易说服客人支持酒店的做法，他们还打着环保的大旗。这种方法现在已经成为酒店的标配。

方法五：酒店在结账时，对节约行为给予一定的优惠。如果客人连续住几个晚上都没有更换床单、被单、毛巾、浴巾等，那么酒店就把节省的换洗费部分返还给客人。这种思维方式属于双赢模式。

上述 5 种方法，一个比一个想得周到，一个比一个更进一步，这就是实施预算管理推动全员思考的结果！

人的潜能是无限的，你的潜能其实远远超出了你自己的想象。但是潜能怎样才能发挥出来呢？需要给你一个很有压力也可以说很有动力的目标，在这个目标驱动下，你的能力、创意全部被调动起来。你只要开动脑筋，办法总是会有的，方法总比困难多。围绕目标，总是能够找到行之有效的业务路径和资源路径。案例中的客房部员工在目标的激励下，改善了心智模式，逐渐养成了思考的习惯，提高了思考的能力。

相反，有的员工没有养成思考的习惯，思考能力很一般，总是按照惯性工作，遇事也不动脑筋，做事基本上是出于简单的、鲁莽的本能反应。

案例 1-7

有一次我到子公司去走访，了解业务进展状况和财务工作状态，看到财务部小李忙个不停。她说最近忙得连上厕所的时间都没有，再这样下去，她准备辞职不干了。我问她怎么回事，她说："领导给我增加了一项工作，导致现在一天 8 小时根本忙不过来。前段时间总经理几次发现销售部门填制的发货单价格有差错。发货单上价格打高了，客户发现会马上要求我们修改，而且还很不满；如果价格打低了，客户就不声不响，公司就有了损失。于是总经理要求财务对每张发货单进行审核。每天发货单有几百张，半天都审不完，我还有其他的日常工作要正常完成，时间哪里够啊！"

我站在边上观察她是如何审核发货单的：准备发货了，一张发货单过来，她就停下手头工作，把这家客户的合同找出来，将合同单价与发货单单价一一比对，若一致则通过；若不一致，就继续找产品加减配置表或折扣审批报告，再不一致，就说明发货单填制有误。

这种做法其实就是简单的、鲁莽的本能反应，效率太低了。我说："你们不是有 ERP 系统吗？财务或销售部门把每家客户每个产品的合同单价一次性录入系统，由电脑调用合同价格与发货单价格自动比对，一致就审核通过，不一致就报警，你再对报警项目核查一下加减配置或审批报告就好了。绝大部分的发货单价格是与合同一致的，不一致的毕竟是少数，你只需针对极少数不一致的发货单手工审核一下就可以了。这样，原来需要半天的审核工作量，现在可能几分钟就解决了。"

所以说，企业需要推行全面预算管理，让所有员工养成思考的习惯，提高思考的能力。

五、实施预算管理能保证公司上下一心，完成预算目标

听说过空白原则和拉近法则吗？如果把销售收入预算目标定为 1 个亿，按照公司目前的状态，预计能够完成 8000 万元，目标与现实之间存在 2000 万元的差额，这个差额就会变成销售人员头脑中的空白。有了空白，自然就会想办法填补——还差 2000 万元，这该如何是好啊？ A 客户还有没有销售潜力呢？ B 客户那里要怎样宣传才能增加成交额呢？ 如何从竞争对手那里把 C 客户争取过来呢？ 需要开发、推出哪些新产品呢？ 明年的

促销活动怎样搞才更有效果呢？传统营销方式是不是可以向互联网、新媒体、自媒体方式转变呢？如何转变？我们的产品适合线上销售吗？如果可以，网上店铺又该如何经营呢？……

这就是空白原则。在下达目标时，应当以空白原则为指导，目标的70%～80%沿用以前的方法措施，是能实现的，还有20%～30%的差额，必须在方法上改善、创新才能得以实现。

如果你非常渴望完成一项任务，那么你在日常工作、生活、学习中一定会发现或捕捉到与其相关的有用信息，产生相应的灵感和创意。如果没有目标和要求，即使遇上了好的机会，你也无从察觉。

对企业而言，有预算目标和要求，如果各级人员内心抗拒目标，认为目标根本不可能完成，即使遇到有用的信息，人们也察觉不到，到头来果真没能实现目标，还会认定这不是自己的责任，而是目标本身不合理。

只有内心认定目标，特别渴望实现这个目标，一旦机会出现，才能敏锐地捕捉到。这就是拉近法则。

在实际工作中，预算管理会将空白原则和拉近法则结合运用。下达一个有压力的预算目标，若沿用以前的方法措施，大概只能完成目标的80%，还有20%的空白依赖于智慧和创意，促使员工在行动方案上必须有改善、有创新。同时，要让员工发自内心地认同预算目标，以激励为手段，让大家自动自发地完成目标。

第五节　如何理解动态预算彻底颠覆传统预算

一、传统预算存在哪些问题

传统预算就是我们经常听说的财务预算，由财务部门主导编制预算和控制预算。财务部门不在业务一线，不太了解业务，其编制预算只能参考历史数据，无法预测未来数据。再用这个预算来控制业务行为，无疑把预算变成了业务的紧箍咒，是对业务的无理干预和瞎指挥。传统预算带来的后遗症是会害死企业的：

* 导致业务部门对外部环境变化反应迟钝或不做反应，丧失市场机遇；
* 财务预算重点放在降低成本费用上，不关心能力的提升和价值的创造；
* 怂恿预算过程中的赌徒心态和游戏行为，如年初抢指标、年末抢花钱等；
* 片面强调控制业务，脱离公司战略、组织目标、计划管理和运营管理；
* 预算编制不合理，控制太僵化，导致业务部门抵触抵抗、设置障碍。

案例1-8

有一家公司面临经营危机，准备大裁员，年初下达预算目标的时候，每个职能部门都有裁员指标。半年过去了，销售部门终于完成了裁员指标。7月，销售总监找到人力资源总监，说认识一位刚从国外回来的销售精英，想把他招进来。人力资源总监说："现阶段是整体裁员，这时候怎么能招他进来呢？我们必须维护预算管理的刚性和严肃性。"

> 双方相持不下,去找总经理定夺。总经理轻描淡写地说了这么一句话:"总不能让这样的高手到竞争对手那儿去吧。"

这样的总经理值得尊敬,因为他不受预算控制的限制,他很清楚地知道,不管是裁员还是招人,都是为了公司的发展。预算管理只是手段,不是目的。预算的目的是更好地服务业务、支持业务、促进业务,实现收入目标和利润目标。

二、动态预算的性质和规则

动态是指随时随地的变化。一个星期、一个月、一个季度、半年度、一个年度等都不是动态的反映,而是定期的反映。业务一有变化,预算就应当动态地跟进。预算是面向未来的,而当前的环境突变是有史以来从没有过的,这就给预算管理带来了非常大的困难和挑战,所以,必须更加强调预算的动态性质,更加突出一线人员的主观能动性,及时捕捉环境变化,及时判断业务路径是否要调整、资源路径是否要跟上。

(一)动态预算控制的三大性质

第一,基于业务。计划(业务路径)和预算(资源路径)是实现目标的两条路径保障。在预算编制阶段,要反映业务对资源的需求,促使业务部门找到更为合理有效的行动方案;在预算执行阶段,要调整业务对资源的需求,以快速变动的市场和业务来调整预算。

第二,动态。既然预算是基于业务的,而业务是动态变化的,所以预算也是动态的。有很多培训老师说,预算执行偏差一般要控制在10%以内。这种观点就是拿预算限制业务,或者要求基本做到对未来的事项未卜先知,明显违背了基于动态业务的预算本质。在预算动态性质的指导下：

* 预算可以超，可以变。在执行预算的时候，若需要追加资源投入，预算应当及时跟进；

* 预算执行的时候，业务活动完成了，相应的预算若有结余，一律不得使用；

* 预算执行的时候，必须对时间、空间、环境等客观条件和能力等的改变做出相应调整。

第三，按需。业务部门在业务一线，在市场前沿，他们最清楚外部环境的变化，所以一般由业务部门提出预算调整的需求。但是，预算是公司的资源，需要公司来决定资源的投放。业务要证明需求的必要性，公司要判断理由的合理性。

案例 1-9

余额是否可以结转到下一年度

年底结算后，人力资源部尚有 10 万元的招聘费预算结余，由于该招的人还没有招到，人力资源部经理要求，将结余的钱转到明年用。请问你的意见如何？

预算是为实现特定目标服务的，是基于动态业务的，没有目标就不需要预算，没有业务也不用预算。今年的招聘目标没有全部完成，相关的业务行为没有全部发生，导致招聘预算有结余。明年的招聘目标是否有改变，相应的业务行为是否会发生，现阶段还不清楚，但已经明确的是，今年的招聘行为已经结束了，业务停止，相应的预算投入应当跟着停止。明年若目标继续，招聘业务继续，预算资源跟着投入；明年若取消猎头招聘，改为内部培养，则不必做相应的预算。

所以，对预算结余的处理建议如下：

> 预算项目的月度结余和季度结余可以结转至下期继续使用,但是不得转入下一年度预算,不得对预算结余发放奖金。
>
> 另外,对一年以上的实行项目管理的项目预算,项目周期内可以结转余额,但是项目周期结束时,余额不再结转,应关闭该项目。

(二)预算控制的三大规则

1. 全面控制。

只要是公司的资源,只要能进行货币计量,就要纳入预算管理的范畴。螺钉螺帽、拖把扫帚是不是公司的资源?可不可以进行货币计量?是的,可以,所以要纳入预算管理的范畴。需要注意的是,企业自创的商誉、专有技术、文化品牌建设等不能用货币计量,所以无法纳入预算管理范畴。

如果不坚持全面控制原则,实践中会出现什么问题呢?销售总监会跟总经理说:"实行预算管理不应排斥授权管理啊,我们销售人员经常在外面跑业务,买支笔、印盒名片之类的如果都要财务总监审核、总经理审批,那么流程效率就太低了。"总经理一听觉得很有道理,于是对销售总监说:"这样吧,你回去列个清单报给我,以后只要是清单内的事项,你们看着办就好了。"销售部门这样做,其他部门也不傻,都把清单报了上来。结果,所谓的全面预算管理就被各种各样的清单冲击得支离破碎。

2. 唯一控制。

实行预算管理了,就只有预算这个唯一的渠道,不允许有预算外。大家可能不理解,怎么可能没有预算外呢?一定有当初编制预算的时候没有考虑到的事项嘛,一定会有预算调整的时候嘛。我们说的没有预算外,是承认有例外,预算没有考虑到的事项统称为例外事项。刚开始实行预算管理的企业,可能例外事项特别多,不要担心,预算是对未来的预测和思考,没有人能做到在所有事情上都未卜先知，例外事项可以通过预算调整程序纳入预算管理渠道。

但是，很多公司在这方面都进入了误区，他们除了预算内管理，还有预算外管理，还有超预算管理，分别制定了不同的审批程序，安排不同的审批人员，搞得预算管理十分复杂。

我在一家民营公司做咨询项目，董事长和总经理是分设的，总经理是重金聘请过来的职业经理人，这种现象目前在民营企业非常普遍。他们开始搞预算管理了，老板跟咨询团队说："要不这样吧，预算内的事项由总经理审批，预算外的项目让我来批好了。"这样一来，董事长和总经理立即变得职责不清、权责不明、管理混乱了。

此外，不少公司实施全面预算管理了，都会成立一个预算管理委员会，让其审批超预算的、预算外的事项。然而，预算管理委员会最终往往变成草台班子，对预算管理的推进没有实质意义。

所以，我们强烈建议：实行预算管理了，就不要搞什么预算外管理，预算外管理是预算管理的天然杀手。解决方法非常简单，只需将例外事项通过正常的预算调整程序纳入预算管理渠道就好了。

3. 事前控制。

很多单位以为年度预算编制出来就万事大吉了，以为把公司的资源分解到各个职能部门，预算就成了部门的囊中之物，想用就用，只要不超预算，事后拿发票到财务报销就好了。如果花不完，就借给或送给别的部门。比如，一家单位销售部门的招待费预算到11月底已经花完了，销售总监听说财务部门的招待费还有50万元的结余，于是和财务总监商量，把50万元的招待费结余借给销售部门，销售部门明年做预算的时候加倍还给财务部门。这种荒唐的做法导致预算在执行阶段的事前控制变得毫无意义，硬生生地打断了预算的一只脚——预算执行的过程控制。

我们的观点是，当初虽然各部门都有自己的部门预算，但是实际使用前还必须经过公司的审批。比如说，年初销售部门的广告费预算是5000万元，3月、6月、10月、12月计划分别投放1000万元、2000万元、1000万元、1000万元，财务总监和总经理在预算答辩会上同意了这一项预算支出。但是3月需要使用这1000万元的广告费预算时，销售部门是需要事先提出申请然后报经审批的，不是说年初有了预算，到时候就直接用就可以了。为什么要这么做呢？动态预算的性质其实已经说得很明白了：去年10月编制的预算，等到今年3月执行的时候，环境、条件、能力等全都变化了，难道还要死死地守住预算去执行吗？这个时候必须重新思考一遍：当初编制预算的假设条件是否变化、如何变化？广告投放的业务路径是否需要改善？广告业务的资源路径是否高效？这样一思考，销售总监可能会发现，原来的广告投放全部是按传统思路在运作：刷地铁、公交、路牌，电视、电影、报纸上打广告，请明星代言等，如果切换到互联网思维，用新媒体自媒体方式去做广告呢？到达率会更高，花钱会更省！这就是预算管理过程控制带来的效果。

全面预算管理的语言是投入产出效率，通过预算管理的"两道过滤保障和双重渠道控制"（编制过滤一次，执行过滤一次；业务渠道和公司渠道），就能保障所有项目的投入产出效率尽可能地最大化。

* 预算编制阶段，业务部门需要回答：为什么做这件事（业务路径）？为什么花这些钱（资源路径）？财务负责人和企业负责人判断其所说的依据和理由是否充分合理。

* 预算执行阶段，因为编制和执行的时间差带来的一系列不确定的变化，业务部门需要再一次回答：为什么做这件事？为什么花这些钱？如果需要调增预算，业务部门需要回答：外部环境是如何变化的？外部环境变化是如何影响目标实现的？公司判断其申请预算调整的理由和依据是否充分合理。

并不是说经过预算管理的两道过滤保障和双重渠道控制，资源投放就万无一失了，但是这样做比拍脑袋决策、拍胸脯保证强太多，比感性管理、随性管理好太多了。

三、为什么动态预算可以让管理做到收放自如

动态预算的控制规则，把企业能够用货币计量的所有资源全部纳入预算管理的唯一渠道，并且这些资源在实际投入前必须经过事前控制环节。所有这些规则其实都是属于"收"的部分，如果只收不放，就会把企业管死，如何做到"收放自如"呢（见图1-9）？

重要性控制　　总额控制　　绩效控制

图1-9 预算控制的三大方法

（一）重要性控制

首先，建议你对公司所有的资源项目按照20/80法则做一次分类，20%的项目占用了公司80%的资源。对金额较大的或性质重要的项目，要进行事前控制。这些资源项目对企业而言非常重要，需要公司层面审批才能使用，其他资源项目可以授权职能部门负责人控制，此所谓"抓大放小"。

哪些项目属于性质重要的？即企业里有些项目金额上不是太大，但是

管理不善的话，会导致徇私舞弊或效率低下，例如笔记本电脑及其配件、摄像摄影器材、个人办公设备等，具体可由企业根据自身的情况来定。

哪些项目是属于金额较大的？企业情况各不相同，很难统一定调，但是可以从两个维度来判断：第一，公司规模大小；第二，总经理个人偏好。第一点比较容易理解，但是很多人都忽视了第二点。下面通过一个案例来加深大家在这方面的体会。

案例1-10

有一次在一家民营企业做预算管理咨询项目，总经理要求咨询团队量化什么情况下要进行事前控制。我们就在预算管理制度上写了这么一条：单笔支出金额在1万元以上的，必须填报预算使用申请单。总经理表情夸张地说："不会吧？单笔支出1万元以上？"我赶紧安抚他说："王总，没关系的，我们只是在抛砖引玉，具体金额可以调整的。要不，改为单笔支出10万元以上？"王总变得更加着急了："什么？10万元？干吗要定为10万元？" 我一看不对，赶紧调整过来："那么王总你看，单笔支出金额定为多少比较合适？"结果王总说："500元还差不多。"这次轮到我们大吃一惊了。这说明王总是一个不肯放权、不会授权的人，大小事情非自己一把抓不可。

后来在另一家企业做咨询的时候，我们主动把上述条款写进预算管理制度。总经理一看也是大吃一惊："不会吧？单笔支出1万元以上？"我吸取了上次教训，探寻他的意见："要不，改为单笔支出1000元以上？""什么？1000元？你是怎么考虑的？我觉得改为100万元还差不多。"这回又轮到我张口结舌了。这个时候，他们财务总监插话说："总经理，单笔支出金额定为100万元，那么一年到头也没有几笔需要您审批的了，我担心他们在资源投入上会失控。"总经理说："我们要充分相信下属，充分授权下属，他们在经营管理

> 一线，他们才听得见枪炮声，决策权需要前移，需要他们自主判断。再说了，他们的所作所为不是还有你们财务部门和审计部门监控着的嘛。"

（二）总额控制

金额较大的或性质重要的资源项目已经纳入重要性控制范围，企业剩下的 80% 的项目占用公司的资源才 20%，比如螺钉螺帽、抹布扫帚之类，这类资源项目完全可以授权职能部门负责人自我管理、自我控制。这种方法就叫作总额控制。例如财务部门的办公费，去年实际发生额是 50 万元，今年本着积极预算的原则，办公费总额要求控制在 45 万元以下。在预算指标内，办公费随便财务部门怎么花，无须进行过程控制，但是 45 万元花完了，对不起，不再调整预算，不再报销任何办公费发票。如果财务部门确实还需要添置办公用品，由财务负责人自掏腰包解决，因为他没有履行好公司授权给职能部门负责人的费用管控职责。

总额控制是对重要性控制的一个补充和分流，否则某个部门买盒打印纸、某个员工出差在哪里住一个晚上，都需要事前报财务总监审核、总经理审批，那么这两个人将会忙得不亦乐乎，根本无法将时间、精力集中在公司大事上，公司的流程运作效率将无从谈起，而且各个职能部门负责人的主观能动性被完全限制了，经办人员的自动自发、自主思考精神被完全扼杀了，这绝不是实行预算管理的初衷。

（三）绩效控制

如果你没有企业预算管理实践，可能会觉得上述两种方法相得益彰，互为补充，可是实践一检验，会立即发现操作不下去。

> **案例1-11**
>
> 有一年公司预算已经审批下发，比如说财务部门的差旅费预算是50万元。在执行过程中，这个预算项目在公司不属于事前控制项目，而属于总额控制项目。意思是财务人员每次出差前不需要填报预算使用申请单，只要在50万元总额以内，拿发票来实报实销就好了，若超出预算，不得调增预算，不得继续报销差旅费。
>
> 我对财务部门以前年度发生的差旅费做了一次统计分析，发现一半以上的差旅费是财务经理和财务总监使用的，而这些差旅费的发生大部分是为了完成总经理下达的额外的临时任务。也就是说，财务部门的差旅费并不是财务团队能控制的，有很大的不确定性来自于总经理，他如果隔三岔五地让财务人员出差，那么，差旅费预算很可能不够用。
>
> 于是我去和总经理商量。总经理说："你的意思是，财务人员去哪里出差、花多少钱也要事先报我这里来审批喽？这对公司来说难道也是金额很大或性质重要的事项吗？什么事情都要报到我这里来审批，你们这样的表现，究竟是推卸责任还是能力不够？我又没有三头六臂，否则还要你们这些左膀右臂干什么？！"

差旅费这个项目，纳入重要性控制感觉很勉强，总经理不愿管得过宽，他希望充分对下属授权；而部门负责人觉得在这个项目上不能完全受控，存在太多的不确定性，又不愿意个人承担超过标准的差旅费。这种现象在企业里是不是非常普遍啊？

于是，第三种预算控制方法就应运而生了，那就是绩效控制。我向总经理提议，对于之前纳入总额控制的项目，做进一步的分析和分类。有些项目存在着很大的不确定性，比如修理费，谁都不知道这台空调到了夏天会不会出毛病，那台机器设备会不会突然"趴窝"；有些项目，部门负责人不一定完全可控，比如财务部门的差旅费。所以，建议对这些项目从总额控制改为绩效控制。操作思路是，针对这些项目，使用的时候不需进行事前控制，可以以月度、季度或半年为单元进行差异分析和纠偏，若超预算了，责任人必须详细说明原因，是客观的、外部环境所致的，不予追究责任；是主观的、管理不善导致的，必须追究责任，并责成其提交改进方案。具体如何运作，后面的预算分析和预算考评章节会有详细说明。

02
全面预算管理的组织

第一节 组织流程——让预算管理走出财务的大门

一、预算管理不是财务部门自己的数字游戏

很多企业实施全面预算管理多年了,其实没有产生什么效果,因为他们的预算管理根本没有走出财务大门,就是财务部门无聊的数字游戏。

案例 2-1

> 某公司财务部的李经理向总经理汇报,近期的费用有点失控,浪费现象严重,建议通过下发制度和实施预算管理来控制公司的成本费用。总经理很赞同李经理的建议,并授权他全权负责此事。
>
> 于是,李经理没日没夜拼命地干。在他的领导下,财务部很快出台了一系列管理制度,并下达了各部门的费用预算,然后就开始执行。没想到才过几天公司就怨声载道,投诉告状纷至沓来,财务部顿时成为众矢之的。总经理对此非常生气,把李经理叫到办公室一顿臭骂。李经理一肚子委屈和恼火,搞不明白自己到底错在哪里。

这个财务经理是不是像我们的一面镜子啊?财务负责人通过会计报表分析,发现企业存在这样或那样的问题,有时候提出自己的建议和意见。总经理觉得有道理的话,一般会让财务部门想办法去解决这个问题,很多财务负责人对此感到很无奈——谁发现问题,谁负责解决问题。财务心里

憋屈：这个问题是业务部门造成的，解决问题的职责应该在业务部门啊，总经理这样瞎指挥，今后谁还敢主动提建议啊。建议各位，在这个问题上心态一定要放开，不要纠结这是谁的职责。因为这是你介入业务、了解业务的好机会，也是你向总经理展示才能的好机会，当然也是你为企业创造价值的好机会。

那么，李经理的问题出在哪里？

第一个问题：财务部门加班加点、闭门造车地出台一系列成本费用管理办法，并马上付诸实施。中间有一个关键环节缺失了——将制度草案广泛征求意见和建议后报总经理审批。

第二个问题：财务部门想当然地帮各个职能部门把费用预算都做好了。请问，你知道销售部门接下来在市场推广、渠道建设、品牌宣传、内部管理、团队激励方面将要做哪些事情吗？要花多少钱？这些钱如何花？钱花出去了销售业绩如何保证？所有这些你都不知道，就知道参考历史数据，不问青红皂白砍一刀。比如，之前销售部门每月平均差旅费50万元，现在要控制费用了，你就把它砍到40万元，销售部门40万元花完了，业务人员只能躺在家里睡大觉了，因为没钱出差了。财务部门是没有能力为各个职能部门包办代替做预算的，也没有这个义务。否则，财务部门就是拿预算作为紧箍咒，掐业务部门的脖子。

第三个问题：总经理和财务经理都认为预算管理是成本费用控制的工具，这种理解不能算错，但是仅仅这样看待预算管理就有失偏颇，这样的预算管理层次太低了。预算管理确实在成本费用控制上有显著的效果，但是实施全面预算管理能大幅度地降低成本费用，不是靠抠费用，不是做守财奴，而是要求投入产出效率最大化，要求企业各级经营管理者提升能力，围绕目标找到更加合理有效的业务路径和资源路径。

二、预算管理不能等同于财务预算

案例 2-2

一家上市公司推了几年的全面预算管理，媒体也特别关注项目的进展程度和效果如何。有一个记者采访这家公司的财务总监，问他两个问题：在预算管理的全面推进过程中，你觉得不足的是什么？最难做的工作又是什么？

没想到这个财务总监是这么回答的："不足的是预算落不到实处，最难做的是由财务部门来执行预算。"预算落不到实处，意思是几年下来，预算只是形式上做起来了，实质上没什么作用。预算由财务部门来执行，这是怎么回事？预算应该由业务部门编制、业务部门执行，这才符合逻辑、符合常识。

上市公司的财务总监对预算管理的理解竟然也这么肤浅，上市公司的预算管理实践几年下来竟然还是一个数字游戏。看来，要让预算管理走出财务的大门真不是一件容易的事情。

因为预算最终要量化成数据，更因为长期以来预算管理都走不出财务的大门，所以很多人误认为预算管理就是财务部门的事情，把预算管理等同于财务预算。这个观念不调整过来，实施全面预算管理必然面临失败的命运。其实预算是管理，不是会计，和会计核算没有半毛钱的关系，因为预算筐里装着的是公司的战略、目标、计划、运营、绩效等，如果缺少对战略的承接、对业务的了解、对管理的认知、对运营的控制、对沟通的把握等，预算只能是一场游戏一场空。实施全面预算管理，其实是企业面临的一场管理革命、一场管理炼狱，不能把企业涅槃重生的这副重担压在财务经理或财务总监弱小的肩膀上。

三、成功的预算组织流程是什么

那么，究竟要如何组织，预算管理才能跳出财务的大门呢？根据多年预算管理一线实践的经验总结，我认为，预算组织只要走好下面6个步骤（见图2-1)，预算管理必将引领企业整体提升经营管理能力和素质。

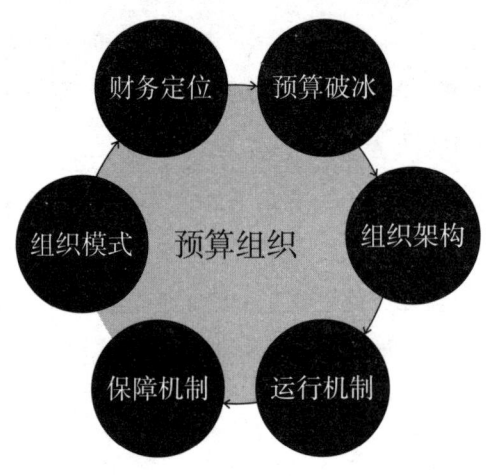

图2-1 预算组织的流程

第二节 组织模式——建立科学有效的预算组织模式

一、大部分公司都搞错了预算组织模式

预算管理的本质是通过管控企业资源的投放，引导或驱动各个部门进行创新（技术创新、管理创新、营销创新），找到更加合理有效的做事方法和花钱方式，保障企业目标顺利实现。那么，谁来管控企业资源的投

放呢？其实就是谁来管钱的问题。企业里有两个人适合管钱：企业负责人CEO、财务负责人CFO。所以，在预算管理组织模式的构建上，第一个建议是，CEO挂帅，CFO操盘（见图2-2）。

图2-2 预算组织模式

第二个建议是，高层全力支持，中层主动配合，基层积极参与。很多公司说，我们在预算组织模式上也是这么做的呀，怎么就没有效果呢？你们公司这样做的只是表现形式而已，把它写进制度了，也挂上墙头了，但是骨子里谁都没把它当回事。

比如说召开一季度预算分析会，总经理本来不打算参加这个会议的，因为他把预算管理相关的工作全部授权给财务总监了。后来在财务总监的百般恳求下终于参会了。会议才开了10分钟，总经理就按捺不住了，对财务总监说："公司来了几个政府领导，我要去接待一下。这个预算分析会很重要，我全权授权给你，放心大胆地去干吧，我先走了。"总经理一走，其他高管和中层也都蠢蠢欲动。结果会议议程还没进行到一半，一半的人已经不见了，剩下的基本是基层人员，他们碍于财务总监的威严，想走而不敢走。

造成这种局面，企业里有两个人责无旁贷，一个是财务总监，另一个是总经理。财务总监对上交流，很多时候都缺乏那个"胆"，害怕与总经理沟通。有时候好不容易鼓起勇气去找总经理了，结果发现又没有引导能力，很难说服总经理接受自己的意见或建议。

财务总监想去寻求总经理在预算管理上的支持，一些总经理却认为已经全权授权财务总监了，他还一天到晚找自己，是不是能力不行呀。我接触过的大部分总经理是不太懂预算管理的，他们的本意是想支持财务，可是常常瞎指挥，以实际行动拆预算管理的台，这也进一步导致财务总监不敢找总经理寻求支持了。

长此以往，财务总监就把工作重心放在如何让中层配合、如何让基层参与上了，本末倒置。

二、全面预算管理是一把手工程

据说，有一个企业家封顶理论——企业能够做多大，取决于企业家的境界和抱负。我们在这里不去考证这一说法的出处，我们要表达的意思是，企业实行全面预算管理能发挥多大作用，取决于企业家本人对预算管理的理解和运用，而不受制于企业当前的经营管理水平。只要企业家能正确理解预算管理的理念和原理，实行预算管理以后，企业整体的经营管理能力和素质每年都能稳步上台阶，企业战略和组织目标的实现就有了桥梁衔接、能力保障和过程控制。

因此，坦率地说，全面预算管理是一把手工程，总经理必须成为预算理念的行家，必须亲自把控预算的关键控制节点。

但是，财务总监如果直接和总经理交流这个话题，可能会冒犯总经理，因此，在这个问题上需要谋定而后动。

记得我和总经理一说到这个话题，他就满脸不高兴："钱总，我授权你在咱们公司推行预算管理，今天你跟我说预算管理是一把手工程。我告诉你，战略总监也跟我提起过，公司战略管理是一把手工程；人力资源总监也曾经说过，薪酬与绩效管理最好是一把手工程；信息总监也专门和我探讨过，企业上 ERP 系统一定是一把手工程……我让你们负责推进一个项目，你们都说这是一把手工程。一搞预算管理，你就让我担任预算管理一把手，是不是到了年底，预算管理没达到预期效果，这个锅准备让我来背呢？！"

预算管理当然是一把手工程，但是总经理误认为财务总监在推卸责任。我立即调整与总经理的交流思路："总经理，无论预算管理上有多少具体事情，300 件还是 500 件，都由我们财务来组织、推进、协调、操办，您只需在预算管理上做三件事情，您看这样可以吧？"

总经理说："这当然可以。你一开始就说预算管理上我只需做三件事情不就很好吗？一定要说预算管理是一把手工程，这不是找骂嘛！"

我看总经理情绪缓和下来了，就和他进一步交流："在预算管理上，为什么财务必须取得总经理的理解和支持？为什么总经理必须懂预算管理？全面预算管理是一个把企业的所有关键问题融于一体的管理控制方法，它将咱们公司的战略管理、目标管理、计划管理、运营管理及绩效管理全部纳入，把企业的产供销人财物、高层中层基层、事前事中事后所有控制环节和职能部门、业务单元、分/子公司全部放进一个体系进行管理。这是一个公司层面的科学合理的复杂庞大的系统工程，仅凭财务一个职能部门的一己之力，整合、指挥、组织、协调、平衡的难度实在太大，所以在关键的时候还是希望总经理能够出面鼎力相助。而且，如何驾驭这么一个系统工程，让它发挥应有的作用，需要我们搞清楚预算管理的理念方法和运行机理。"

总经理点点头，表示同意这些观点："嗯，有道理。好吧，需要我出面做些什么呢？"

我说："为了咱俩在预算管理上能够理解支持、达成共识，我先讲三个案例与总经理共勉，但是希望对事不对人，总经理不要对号入座。"

案例 2-3

某公司实行预算管理已经 5 年了，今年年初换了一位总经理。10 月份预算启动的时候，总经理对财务经理说："李经理，明年的预算我看还是财务部门编好了，一是年底各部门都比较忙，二是他们也不会编，交上来的东西都不靠谱。"

总经理为什么会这么说？预算管理本质是一种逼迫机制，在有限资源约束下，好的方法、好的创意其实都是预算管理逼出来的。这家公司实行预算管理 5 年了，业务部门觉得压力很大，现在好不容易换了一位新的总经理，于是各个部门负责人抓住时机不断地向新任总经理抱怨，说咱们公司的预算管理不如不搞，劳民伤财，又是在年底最忙的时候来弄这个预算，预算不就是财务部门的事情嘛，财务部门自己搞搞不就得了，不然各部门都没时间去忙自己的本职工作，年初下达的目标也没办法完成……新任总经理听了觉得很有道理，所以才会这么要求财务的。

不懂预算管理的总经理不经意的一次瞎指挥，预算又重回到财务部门的数字游戏。财务负责人碰到这种情况，一般是没有能力去说服总经理的，只能默默地带领财务团队加班加点编预算。财务其实也没能力编制销售预算、生产预算、研发预算等，只能在历史数据的基础上加加减减，然后对各部门的成本费用乱砍一刀。这样的预算终于编制出来了，业务部门就开始攻击财务了：自己不懂业务而且闭门造车，然后拿这样瞎胡闹整出的预算来限制我们业务！财务哪里知道我们明年要做什么事，要花多少钱啊？请问，这样一来，公司目标如何分解

> 到职能部门目标？各个职能部门还要考虑业务路径和资源路径吗？到年底这些目标凭什么就能实现呢？

总经理如果不懂预算管理，就会在行动上不知不觉拆预算管理的台，尽管他内心也是想搞好预算管理的，可是因为不知道预算管理对企业有什么作用，如何发挥作用，推行预算管理存在哪些障碍，如何去解决……

案例 2-4

有朋友反映，他们公司实行预算管理多年了，但自评分仅为 20 分，这也让我十分惊讶。他举例说，每次销售部门预算不够的时候，销售副总直接向总经理汇报。然后总经理通知财务调整预算。财务经理要求销售部门填写预算调整申请单，销售副总以总经理已经同意为由拒绝填报。财务经理因缺乏调整手续而予以搁置，销售副总为此向总经理告状，财务经理被总经理一顿训斥。

我问这位朋友，你们公司的财务经理接下来怎么办呢？他说，财务经理很委屈也很恼火，但也只能默默地记录一笔：某年某月某日，总经理要求财务部为销售部调增广告费预算 200 万元，销售部拒绝提供书面依据，故立此为据。

这又是一个总经理不懂预算管理而瞎指挥的典型案例。假设这位总经理对预算管理略知一二，管理方式和管理效果可能就会与此有天壤之别。

"李总，广告费预算调整这件事情和财务部门商量过没有？如果你现在只是跟我打声招呼，那没有关系，但你现在若是要解决这个问题，那请你按公司流程来走。我希望你不要做越级审批的事情，你可以越级申诉，但决不允许越级审批。我建议你按照预算调整程序，填制预算调整申请单，先报财务审核，再报我这里审批。预算调整申请单上你必须按要求说明原因——外部环境是如何变化的？外部环境的变化是如何影响你的业务的？如果本次预算不调整，你们销售部门的目标是不是就很难完成呢？我们会根据你的理由和依据来判断是否调增广告费预算，调增多少广告费预算。同时，我们还要进一步判断：你们当初编制的广告费预算为什么不够，产生的差异是主观原因导致的，还是客观环境变化所致的。如果是你们在预算编制阶段主观上有问题，还需要对你们部门的预算编制质量追溯责任。这次追加广告费预算以后，你要对你承诺的销售收入增长指标负责，我会让财务跟进这件事情的。当然，如果我们判断本次广告费预算调整是你们及时捕捉外部环境变化，灵活变通地做出的预算应对方案，公司会对这种业务行为进行鼓励和奖励。"

案例中的财务经理有一个很大的问题，也是财务人员常犯的典型错误：可以和业务部门存在不同意见，但绝不可以让事情做不下去。财务经理应该主动找总经理，积极地寻求总经理的资源支持，而不是消极被动地坐等业务部门去向总经理告状，把本该争取的总经理推向业务部门，在预算管理上失去了总经理这个坚强的后盾。

上述两个案例是讲总经理不懂预算管理带来的危害。下面我们讲一个懂预算管理的总经理，他的所作所为带给企业的正能量。

案例 2-5

某公司准备 10 月启动明年的预算编制工作。该公司总经理认为，预算编制阶段的谋划工作对完成下年度的公司战略目标和部门分解目标至关重要，而关键的控制节点在于预算答辩。预算启动会上总经理强调："每一家分／子公司、每一个业务单元和每一个职能部门的负责人有三次预算答辩机会，若三次都没有通过答辩，负责人就地免职!"

我在全国各地讲预算管理这门课程的时候,都会向学员推荐这种控制预算编制质量的方法,深受学员欢迎。但是有一次,一个学员举手提问:"老师,你说的这个方法不具有代表性,至少在我们公司是没有用的。"

于是我邀请这位学员说说看,为什么在他们公司这个方法行不通。他说:"我们公司是一家民营公司,总经理持股60%,销售副总持股40%。销售副总和总经理是多年的哥们儿,他们一起经营这家公司20多年了,你说总经理会不会因为销售副总预算做不好而把他开除?我们公司的研发总监是通过猎头公司刚刚聘过来的,年薪上百万是其次,关键是这种技术人才可遇不可求啊,总经理一定舍不得开除他吧?我们公司的采购总监也是不能换的,因为他是总经理的小舅子。"还真是一个都不能动,一个都不能少啊。这个学员说得都没错,只是我要提醒一点:不要低估了总经理的智慧。

请看我们公司的总经理在这件事情上是如何处理的。有一年,公司召开预算答辩会的前夕,总经理让我把参加答辩会的名单报给他一份,同时把他们前两年的答辩资料都附上。几天后总经理让我去他办公室,他在一家子公司的质量管理部部长的姓名上画了一个圈,说让他第一个进行答辩。答辩会上,这位质量管理部部长一说完,总经理就开始发飙了:"小伙子,你发言的时候,我仔细地对比了你前年、去年和今年的答辩资料,你除了把年份更改过来了,其他内容几乎一字不变。难怪几年下来,废次品率一直维持在10%的高位,凭什么让我相信你公司明年的废次品率能达到我们提出的5%的要求?"小伙子顿时面红耳赤。总经理接着往下说:"今天是你的第一次答辩,很遗憾,你未能通过。我给你15天的时间准备第二次答辩,我甚至可以为你让咱们整个集团公司的预算进程往后延迟15天。在座的各位听仔细了,我认为像刚才这位小伙子一样对预算编制和预算答辩敷衍了事、心存侥幸的还大有人在。我丑话说在前头,在座各位都有三次答辩机会，如果三次都未能通过，无论是谁，一视同仁，一律免职！散会！"还没等大家都反应过来，总经理已经摔门而出了，留下大家面面相觑，目瞪口呆。

总经理这一招叫作"杀鸡儆猴"，效果立竿见影。接下来的半个月，我成了整个集团公司最忙的人，为什么？各分/子公司、业务单元和职能部门的负责人都拿着他们的预算答辩材料让我先评估，他们再修改，以免被总经理否决掉。

所以，我们决不能低估总经理的智商和情商，他能坐上那个位置，一定有他的过人之处。只要能够抓住预算编制质量的关键控制点，总经理都会根据自己企业的具体情形灵活变通，有策略地做到妥当操作。

大部分企业的总经理对预算管理都比较陌生，总以为是财务的事情，这个谬误如果不纠正过来，预算管理就发挥不了实质性的作用。我们希望财务伙伴能够用上述三个案例去说服总经理出面担当预算管理一把手，并搞懂预算管理；也希望企业家朋友通过三个案例明白自己必须担当预算管理一把手的道理。当然，总经理作为预算管理一把手，并不需要亲力亲为，只需要做好三件事情就可以了。

三、预算管理一把手的三个关键控制节点

总经理担任预算管理一把手只要做好三件事情：第一，成为预算理念的行家；第二，担任预算答辩的考官；第三，担当预算执行的评委（见图 2-3）。

预算理念的行家　预算答辩的考官　预算执行的评委

图 2-3　预算管理一把手的关键控制节点

我们可以把预算管理过程分成两个阶段：预算编制阶段和预算执行阶段。

预算编制阶段需要发挥的作用是，下达目标，驱动或逼迫下属思考如何花最少的钱去做事，以实现目标。这一阶段的重要成果是，基于目标，找到合理有效的行动方案，在预算答辩会上呈现。

预算执行阶段需要发挥的作用是，强化预算执行过程控制，分析预算差异原因，找出纠偏措施，评价预算绩效。这一阶段的重要保障措施是预算分析会和预算考评会，建议把二者合二为一：预算分析考评会。

总经理担任预算答辩会的考官，就把住了预算编制的质量关。请问，总经理和其他评委一起坐在考官席上，评审每一位预算责任人的预算答辩，决定他们在企业的职业生涯和前途命运，这些预算责任人在预算编制阶段敢马马虎虎、敷衍了事吗？如果总经理不参加预算答辩会，由财务出面担任考官，请问，财务总监有这个生杀大权吗？财务总监有掌控全局的能力吗？显然，总经理绝不可以把预算答辩考官这个权授出去。同理，预算分析考评会的考官，总经理应该也是当仁不让的。

案例 2-6

某公司的总经理也参加预算答辩会或预算分析考评会，可是才开了 10 分钟，总经理就对财务总监说："真是不好意思，公司临时有急事，要我出面去处理一下。这样吧，后面的会议进程你替我主持一下，你办事我放心，我先走了。"

给财务总监一个忠告：此时绝不能接过这根接力棒，否则就是自取其辱。

比如，现在召开预算分析考评会，销售总监正在汇报为什么销售费用都投入到位了，而销售收入完成得很不理想。销售总监说了一堆理由和依据，也对市场环境的捉摸不定和竞争对手的死缠烂打充满抱怨和无奈，你作为临时考官，追问销售总监接下来如何改进，若不停地追问，把他逼急了，销售总监可能会说："你财务部门闭门造车，站着说话不腰疼，一点也不理解销售的难处，有本事你来做销售好了。"

这种包办代替的做法是不是非常被动？而且常常会把事情搞僵搞砸。

有一次我们公司的预算答辩会也是这样，会议开到一半的时候，总经理临时有事要走，授权我继续主持。我赶紧说："总经理，稍等，我说完这句话你再走吧。"然后我转身对大家说："各位，预算答辩会的考官是总经理，今天总经理临时有事，我们今天的预算答辩会就开到这里，至于什么时候再开，等总经理有空的时候我再通知大家。现在散会。"总经理一听就急了，立即摆摆手说："大家等一下，会议继续，我手头的事情我会安排其他人去处理的。"

一定要让总经理明白，他分内的三件事情是不能授权的，否则，他就不是预算管理一把手。

让总经理担任预算答辩和预算执行的考官，一般情况下财务负责人都能做通总经理的工作。但是要让总经理成为预算理念的行家，就不是一件容易的事情了。如果总经理不懂预算管理，一是他和财务总监交流预算管理时会各说各话，两人没有共同语言，很难达成共识；二是他会经常不由自主地瞎指挥，好心办坏事；三是他作为预算答辩和预算执行的考官，也没有能力把住编制关和执行关。所以，总经理可以不是预算管理的专家，但必须成为预算理念的行家。

那么，如何让总经理快速成为预算理念的行家呢？

其实方法是多种多样的，只是需要财务伙伴们动点脑筋、花点心思。比如，财务总监可以邀请总经理一起去参加预算管理的培训。假设总经理愿意和你一起去参加这方面的培训，你以为就万事大吉了吗？我们可以设想一个场景：

你和总经理一起外出参加培训，总经理可能会挑最后一排位置坐下，为什么？方便溜号嘛。老师讲了不到半个小时，总经理就在后面坐立不安了——可能是老师讲得太专业，听起来比较吃力；也有可能老师讲得不太接地气，总经理觉得是浪费时间；还有可能是总经理确实有一堆事情需要处理——于是他对你说："好好听课，我们公司的预算管理推进工作今后全拜托你了，我临时有事，先走了。"你看，培训费白花了，让总经理成为预算理念行家的目的也没达到。你能不能预先这样去和总经理商量："总经理，公司就我俩懂预算管理，其他人要么是预算管理方面的文盲，要么对预算管理一知半解，要在整个公司实施全面预算管理，恐怕很难取得他们的理解和支持。我提个建议：我们培训回来组织内训，你看怎么样？"然后在他还没有反应过来的时候，你趁热打铁："总经理，第一天预算理念的培训你来讲，第二天预算组织和编制的培训我来做，你看可以吗？"总经理是明白人，听你这样一说，就知道你的目的是让他这两天好好听课，既然培训费花了，时间也赔进去了，就一定要学有所获，成为预算理念的行家。

第三节 财务定位——财务部门在预算管理中的功能

一、财务部门要主动推行预算管理

从我接触的企业和学员来看,企业里基本上是两个人在主动推预算管理:一个是企业负责人,另一个是财务负责人。不可否认,极少数的总经理真正认识到了预算管理的重要性,但绝大部分总经理之所以推预算管理,是因为从各种渠道听说、了解过预算管理,想在自己的企业里尝试推行,于是授权财务总监推行全面预算管理,自己成了甩手掌柜。总结一下,为什么要推行预算管理,可以这样来理解:

* 预算管理是让战略落地的桥梁、工具、方法;
* 预算管理是绩效达成的能力保障和过程控制;
* 在有限资源约束下创新行动方案是重中之重。

那财务部门为什么会主动推预算管理呢?可以这么说,能在企业主动推预算管理的财务人员,都是能力很强、渴望创造价值的财务高手。我们分析一下财务人员在企业里的艰难处境就能明白这个道理(见图2-4)。

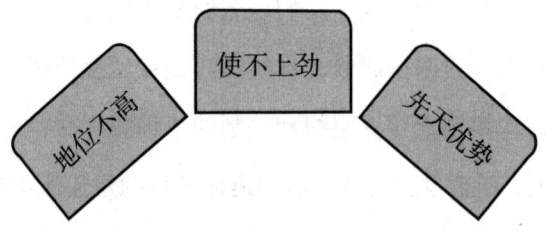

图 2-4 财务人员的现状

90%的财务人员都在从事着基本的会计核算、账务处理工作等日常性的、基础性的工作,技术含量低,可替代性强,很难为企业创造价值。

很多财务人员也想改变现状,也想通过参与管理为企业创造价值,从而顺理成章地提高自己的地位、待遇，但是会发现使不上劲。几乎所有企业都有费用报销管理办法，业务发生的费用，先让财务审核，再报总经理审批，看似完美的管理制度却管不住费用。因为人家已经把钱变成了纸，即财务最为看重的原始凭证——发票，再进行事后诸葛亮式的管理，已经没有太大意义了。管理大师彼得·德鲁克曾经说过，既成事实的管理叫作无效管理。费用报销就是典型的无效管理方式。

但是财务部门和其他业务部门比较起来，又有一个得天独厚的巨大优势：会计信息。企业里所有业务部门的经济活动、业务行为最终都会量化成数据，在财务部门以会计信息的形式反映出来。可以这么说，一家企业的财务状况和经营状况如何，财务部门是最清楚不过的，每个业务部门存在哪些问题，财务人员也是了然于胸的。这一点在ERP系统和大数据的背景下更加突出。

问题随之而来：财务人员如何利用这一优势为企业创造价值呢？

很多财务人员开始尝试利用自己掌握的会计信息进行财务分析，希望以此为突破口，让会计核算逐渐向财务管理延伸和转型。这是一个好的开端，然而，财务分析确实能发现问题，但是很难解决问题、创造效益。比如，通过财务分析，发现公司的资金周转问题比较突出，集中表现在逾期应收账款总额越来越大、死呆账不断增加。总经理当然关注这个问题，但他更关心的是如何解决这些问题。单凭财务分析很难解决这些问题，因为问题都产生在业务端，所以应该深入到业务分析，延伸财务分析的深度和广度。ERP系统就为财务部门开展业务分析创造了条件，提供了便利。

一旦深入到业务分析，财务部门马上又面临一个突出的问题：财务人员由于不了解业务、不熟悉产品、不懂得管理，遇到业务问题，很难找到解决方案。有一次，我跟总经理汇报，××子公司销售遇到瓶颈了，最近几年销售额一直在5个亿徘徊。没想到总经理一句话把我怼了回去："这家公司销售遇到瓶颈了,还需要你现在来跟我讲啊?你们财务分析常常干一些马后炮的事情。我最关心的是如何突破销售瓶颈,你能不能在这方面提些建议呢?"我说:"总经理,这方面的措施,要求销售部门去思考是不是更合适一点?"总经理说:"我当然会和销售部门沟通这个话题,也会要求他们限期拿出改进方案。但是我也希望你从财务的角度,从管理的角度,利用你们的信息优势和管理技能,给我一些决策上的参考。你们不一定拿得出具体方案,只要有方向、有思路、有创新就可以啊。"

会计核算需要往财务分析延伸,财务分析进一步向业务分析拓展,这一过程中,财务能力不够的短板就暴露出来了。怎么办呢?推行预算管理。预算管理可以让财务部门迅速融入业务过程,在业务部门花钱之前就参与管理,变事后监管为过程控制,真正做到发现问题、分析问题、解决问题、创造效益。所以,财务部门应该主动推行预算管理。会计核算、财务(业务)分析、预算管理其实就是财务人员职业生涯的一座金字塔(见图2-5)。

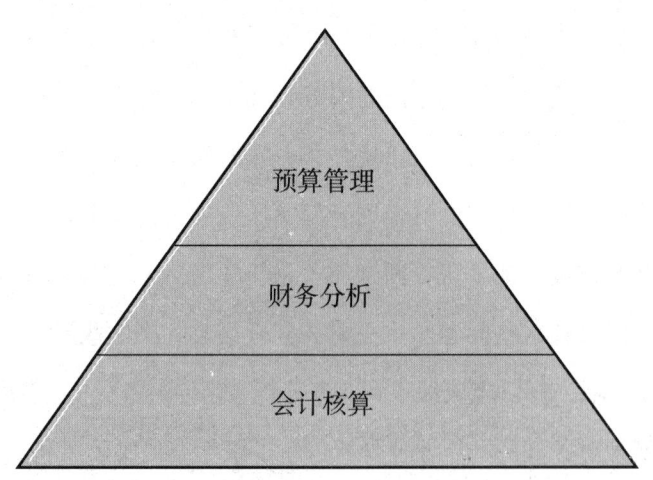

图2-5 财务人员的职业生涯金字塔

二、财务部门在预算管理中的能力短板

由于预算管理完全不同于会计核算,一旦实施预算管理,财务负责人就会发现自己的会计特长在预算管理上几乎派不上用场,而财务管理能力、沟通协调能力、业务理解程度、引导说服能力等短板统统暴露无遗(见图2-6)。

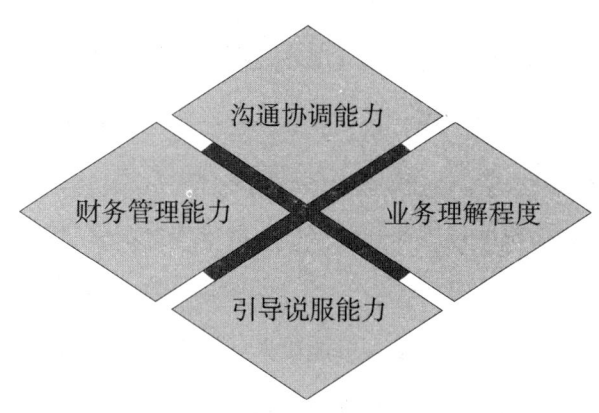

图 2-6 财务人员的能力短板

财务管理能力其实就是资金管理能力。财务管理的定义是,通过合理筹集、投放和使用资金,使企业价值最大化。财务管理的目标和企业管理的目标完全一致,都是追求企业价值最大化,通俗点说就是利润最大化。所以,人们常说,企业管理应以财务管理为中心。财务管理的手段就是资金的筹集和使用,所以,财务管理就等于资金管理,另一句话也就应运而生:财务管理应以资金管理为核心。问题马上就来了:企业里谁在投放和使用资金?各个业务部门!财务部门几乎是不花钱的部门,最大的支出就是办公费而已。不花钱的部门要管控花钱的部门如何更有效地花钱,难不难?

再来看沟通协调能力。实行预算管理前,财务人员躲在办公桌后不沟通、少沟通,也许对工作无碍。但是一旦实施预算管理了,财务部门立即

成为上下游业务部门之间必不可少的中间人，财务人员的沟通协调能力不行，将大大影响工作开展。

继续说业务理解程度。财务不了解业务，导致财务不理解业务，进一步导致财务不支持甚至限制业务。同时，因为不了解业务，财务即使发现了业务上的问题，也没有能力提出解决方案。比如，财务对产品 BOM 表不了解，就很难做到成本核算准确，更不要说成本分析和成本控制了，以致难以为降本增效提供指引。实行预算管理了，财务只把预算作为控制的标准，有预算，业务尽管花，没有预算了，业务就不能做下去，预算事实上成了业务部门的紧箍咒。在预算编制阶段和预算执行阶段，财务也很难判断业务做事、花钱的合理性和有效性，很难帮总经理履行好预算审核的任务。

至于引导说服能力，很多人可能压根就没有考虑过这个问题，事实上这个能力对财务负责人而言非常重要。财务负责人在财务管理和预算管理的理解及运用上比其他高管、别的部门负责人一般要先行一步，如果引导说服能力不行，如何引导组织他们快速跟进呢？

案例 2-7

有一次在课堂上，我正好看见一个学员在玩笔记本电脑，那台电脑有点老旧，我就灵机一动给他出了道题："请你模拟一下，给你们领导打一个报告，请求他同意给你换一台新电脑。"这个学员很快就陈述了几条理由：电脑过了折旧期、运行速度很慢、经常死机、安装不上新软件等。我说："你陈述的这些理由都是讲给领导的左脑听的，所以他也只能用左脑接收你的信息，右脑一直没有被有效驱动。因此，你成功说服领导的概率只有 1/7。领导很有可能也用左脑的逻辑回复你：'今年经营形势不好，预算紧张，旧电脑还能凑合用一阵子，业务刚起步要勤俭节约……'你要是成功驱动了领导的右脑,那情况就不一样了。再给你3分钟,给领导的右脑再输入一些信息。"学员思考了一会儿,说:"这台电脑实在是不能用了。有一次,我给一个重要的客户讲解我们的产品,合同标的上千万元,客户董事长和很多高层来听,我这台电脑先是半天启动不起来,客户董事长等得有点不耐烦了。好不容易启动了,讲了一半又中途死机,我真是尴尬透了。客户董事长拂袖而去,临走还小声说:'这家公司也太寒碜了。'领导,我想这样的电脑与我们公司高科技的形象太不匹配了吧。"学员声情并茂地讲完这一段,我问大家:"这次领导答应换新笔记本的概率是多少?"众人答:"百分之百!"

总之,实行预算管理了,财务负责人和总经理都要明白,财务管理能力、沟通协调能力、业务理解程度和引导说服能力等能力短板会严重制约财务部门组织推进预算管理工作,必须想方设法在预算实践中快速弥补这些短板。

第四节　预算破冰——让预算管理有良好的运作环境

一、什么是预算管理破冰

预算管理破冰其实就是为预算管理营造良好的运作环境,即让大家都搞明白预算管理是怎么回事、有什么作用,认同理解公司实行预算管理的必要性、重要性,支持配合预算管理的各项具体工作,主动营造并自觉维护预算管理的良好氛围,改造原有管理体系,以适应预算管理的要求。

二、预算破冰的常用方法

预算破冰常用方法主要有外训、内训和咨询三种。

外训相对而言成本最低，但是受训面也最小。公司对要不要实行预算管理举棋不定的时候，建议总经理和财务总监一起先参加一次外训，搞清楚预算管理的基本原理和运行机制后再做决定。

内训对于准备实行预算管理的企业而言，是必不可少的一个步骤。可以从外部邀请专业老师来公司培训，也可以是总经理或财务总监等以内训师的身份对大家进行预算破冰。

咨询对于准备实行预算管理的企业而言，是效果最好的方式，但是成本相对高一些。咨询团队全面系统地参与公司尽职调查、预算推进方案、咨询项目启动、基础资料准备、战略规划制定、目标体系制定、计划体系制定、资源配置、预算答辩、预算执行、预算分析、预算调整、预算考评等各个环节，主导项目推进，以传帮带的方式，保证预算管理的每一个流程、每一个节点管理到位、操作得当。有些企业在战略管理、目标管理、计划管理、供应链能力提升、绩效管理上花钱咨询，每一个咨询项目动辄几十万、几百万，是不是效果很有限啊？因为头痛医头、脚痛医脚嘛！企业的经营管理是一个体系，是一个分工协作、支持配合、共同提高的系统，需要在全面预算管理的平台上系统整合和统一提升。所以，建议有条件的企业选择以咨询的方式来破除预算管理坚冰。

三、预算破冰的注意事项

预算破冰的三种方式，最重要的环节是选择老师，老师的质量和口碑决定了预算破冰的成败和成效。个人建议从企业实践角度而不是理论研究角度选择老师，因为预算管理是一套实践性操作性极强的指挥体系、管理方法、组织规则和领导艺术，只有长期在企业实践的打磨中才能体会、感悟和运用。

要注意的第二点是，无论选择哪种破冰方式，都要从如何保证效果上（目标）采取一些方法措施（业务路径），否则，可以预见的结果就是，事办了，钱也花了，效果没达到。

案例2-8

财务人员经常会参加一些培训。有一次，小李说想参加为期两天的成本管理主题的培训。据说这个老师讲得不错，而且内容跟小李的工作性质密切相关，他特别希望提高自己在成本核算、成本分析和成本控制方面的能力。一般情况下，财务经理都会同意小李去参加培训。可是，一般的财务经理在这件事情上也就到此为止了。

我们可以设想一下：小李前去参加培训，心想终于不用像平常那样上下班准点打卡了。懒觉睡好，一路晃悠过来已经迟到半小时了，赶紧在最后一排找个位置坐下。才听了半小时，小李就开始坐不住了，原来老师讲得很专业，但是很无趣，于是小李掏出手机看微信、玩游戏、炒股票……吃过午饭，小李就从会场消失了，干脆回家睡大觉去了。结果，培训费花了，时间也浪费了，小李什么也没学到。

没有行动方案的保障，目标是不会自动自发实现的。小李想参加培训，我说："没问题，关键是如何保证学有所得呢？"小李一下子回答不上来，我就帮他想方法：你去参加两天的培训，能够系统地掌握成本管理的工具和方法，这对你的成长和工作很有帮助。我建议你回来后用半天的时间跟财务人员分享一下。这样做的目的有几个：你回来做一个复习、整理和培训，可以帮助你进一步理解老师的观点，掌握学到的方法，达到知识保温的效果；给你一个与大家分享的机会，就能充分锻炼你的PPT制作技能、当众演讲技能、引导说服技能；还有，你为了保证更好的分享效果，可能就需要在成本管理领域查阅各种资料，这样一来，你就在成本管理方面拥有自己的专长了；另外，其他财务人员听了你的分享，他们的能力和素质也因为你的辛勤付出而得到了提高。"这个措施的保障，小李参加培训还会迟到吗？还会早退吗？还会走神吗？当然不会。

这个措施可以保证小李学有所得，但是如果他不学以致用呢？

我要求所有的财务人员参加培训以后，在每月的工作总结里注明：哪个知识点你在工作上应用了？如何应用的？效果如何？只要总结里写上了，立即奖励，奖励金额大小根据应用效果来调整。你不写，暂时也不会处罚你，但是几次下来，所学知识都没做工作转化，对不起，今后的培训机会你就很难得到了。

很多企业也搞过全面预算管理的内训，但是效果很一般，为什么？还是那句话：没有行动方案的保障，目标是不会自动自发实现的。

案例 2-9

去年有一家民航集团公司邀请我去给他们做预算内训。几万人的单位，董事长、党委书记、总经理都到场了，我心想本次内训他们组织得不错。会议一开始，董事长上场做动员，他说："本次内训，本来是针对我们公司的财务人员的，但是我觉得高管和其他部门的负责人了解一点预算管理知识也是必要的，所以把他们也叫上了……最后我建议所有的财务人员，回去以后根据两天的培训内容写心得体会。"我想，董事长的这一动员，好心办坏事了，其他人员这两天立即变成陪衬了。我一上场，第一件事情也是救火："刚才董事长建议财务人员写心得体会，以保障培训效果，非常好！上课之前，我也做一个倡议：所有的非财务人员最好课后也写一份心得体会，因为这两天我和大家交流的话题是如何通过实行全面预算管理改善企业的经营管理能力和素质，和会计核算毫无关系。"

课余时间有一些总经理会和我聊起如何保证内训效果的话题，他们一般都主张考试。但仅仅是考试，恐怕行动方案还不够。有人考试不及格会怎么样？有人借故不参加培训，自然也不用考试，又会怎么样？考得好的人要不要激励？必须把这些问题事先想清楚，行动方案才合理有效。比如说，考试不及格应该如何处理？有个总经理说："我连降他们三级工资！"这是比较严厉的做法。也可以选择比较委婉的做法——考试不及格的高管名单在公司内部的公开渠道张榜公布，事后董事长分别找他们约谈；考试不及格的中层干部和员工，请分管领导事先向总经理和财务总监报备行动方案。考得好的如何激励呢？例如：90分以上的一次性奖励200~2000元；90分以上的人员名单报总经理、人力资源部门备案，作为今后职务晋升和工资晋级的重要依据。对于那些借故不参加培训或真的临时有事不能参加的人呢？有总经理提议，请假的必须书面报他审批，否则视为0分；审批后未能参加培训的，要求其一个季度内在部门内部分享3个小时的预算管理内训，总经理和财务总监全程参加。还可以在座位编排上想想办法，比如，高管名单放在第一排，同一个职能部门的坐在同一桌，等等。

第五节 组织架构——按预算管理要求调整组织机构

一、常规预算组织机构应当如何设置

实行全面预算管理的企业,一般都会设立一个机构——预算管理委员会,由它来平衡、协调、仲裁预算组织部门和预算执行部门之间的所有预算管理事项。至于预算管理委员会放在股东会下面、董事会下面,还是总经理下面,可以根据公司习惯的管理模式自行确定,没必要生搬硬套,合适的才是最好的(见图2-7)。

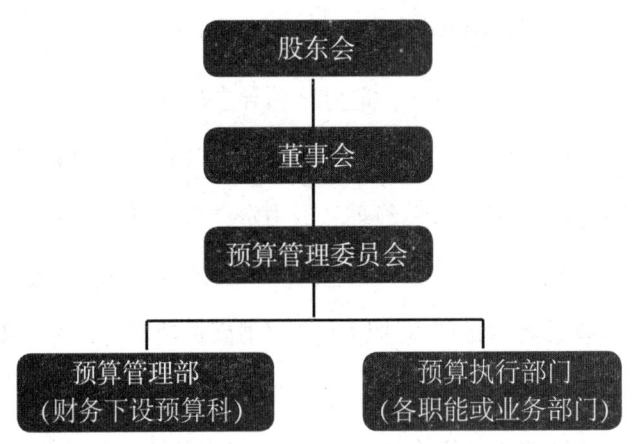

图2-7 预算组织机构

很多上市公司或大型企业会在董事会下面设立几个平行的专业委员会,比如内部审计委员会、薪酬与绩效管理委员会、战略管理委员会、资产管理委员会等,这些专业委员会多半是决策支持机构,为董事会决策提供各项支持。预算管理委员会究竟是决策机构还是决策支持机构,关键看总经理是不是预算管理委员会的成员:如果总经理在主持预算管理委员会的工作,那委员会当然是决策机构;如果总经理不是预算管理委员会的成

员,委员会自然就沦为决策支持机构。因为预算管理是企业的内部经营管理,预算管理一把手是总经理,不是董事长,所以强烈建议预算管理委员会把总经理纳入,否则,预算管理委员会开了半天会决定一件事情,回头再专题向总经理汇报,费时费力,劳民伤财。

二、预算组织各级机构的职责

(一)预算管理委员会的职责

预算管理委员会的职责如下:

1. 拟定预算目标,提供预算相关的政策指导;

2. 审议通过预算管理有关制度、流程、表单;

3. 审批、下达预算总方案及各单位的年度预算;

4. 监督、检查和分析预算执行情况,提出改善建议和要求,及时纠偏;

5. 审批预算期内对预算事项的重大调整;

6. 调解和仲裁预算推进过程中的矛盾和冲突;

7. 审定预算报告,评价预算绩效,组织预算考评。

(二)预算管理部门的职责

有些企业从各个职能部门抽调人员,在财务部门下面设一个预算管理部门,由这个部门全权负责公司的预算管理工作。

有些企业在各个职能部门设置专职或兼职的预算管理员岗位,具体负责本部门的预算编制、组织和管理。

建议刚实施预算管理的企业,不要急于在财务部门下面新增部门,先通过财务内部挖潜、效率提升及工作方法改善等,从内部抽调人员专职进行预算管理。

预算管理部门的职责如下：

1. 草拟预算管理制度、流程、表单，并适时修订；

2. 拟定预算编制方案、预算编制表单和编制要求；

3. 组织、培训、指导预算单位开展预算编制工作；

4. 根据业务预算、资本预算汇总编制财务预算；

5. 提供相关历史数据，并协助预算审查和平衡；

6. 收集、审核、汇总预算单位的年度预算草案；

7. 执行预算制度，按规定控制、调整预算指标；

8. 跟踪、监督预算执行和预算分析，定期报告；

9. 为预算考评提供相关评价信息、依据和建议。

（三）预算执行部门的职责

预算执行部门是指企业的业务单元和职能部门，业务单元和职能部门的负责人就是预算责任人。

预算执行部门的职责如下：

1. 提供本单位获得和掌握的预算编制所需信息，拟定产品规划、经营政策、人力资源计划等；

2. 按规定编制本单位的业务计划和年度预算；

3. 按预算目标控制执行进度，执行预算管理制度；

4. 定期开展预算分析，及时纠偏，上报分析报告；

5. 因条件和环境变化，提出预算调整与修正申请；

6. 确认预算的考核结果；

7. 预算执行中遇到问题，及时与预算管理部门沟通，促进预算管理工作不断改进。

从上述预算执行部门的职责来看，不实行预算管理的企业，这些部门也应该做好这些事情，只是他们做与不做、做得如何，没人去管。而现在实行预算管理了，这些部门的这些本职工作就公开化了，做与没做，好与不好，积极主动还是消极被动，在预算控制过程中一目了然，再也无从偷懒，很难欺上瞒下。所以，企业刚开始实施预算管理，必然会遭受业务部门的抵触，需要预算管理一把手的强力支持和全力推进，直到预算执行部门尝到预算管理的甜头了，集中表现为他们有能力又有执行力地完成部门业绩目标时企业给予的嘉奖和动力，他们就会自动自发地推进预算管理了。

三、预算管理委员会为何会名存实亡

建议刚实施预算管理的企业，一开始要设立预算管理委员会。为什么呢？因为预算管理委员会的成员是企业的高管，有些企业还把核心的中层甚至所有中层都纳入预算管理委员会，在预算管理的过程中，这些人就会觉得大家都是自己人，在一定程度上会关心、支持、理解预算管理工作的困难和障碍，并设法予以解决，为预算管理的推进创造良好的工作氛围和舆论环境。

如果公司的预算管理工作已经走上正轨了，而且你发现预算管理委员会实质上没什么作用了，也可以考虑撤掉预算管理委员会。

案例 2-10

上半年一结束，销售部门就提出广告费增加 5000 万元的预算调整需求，预算管理委员会主任召集成员临时开会。会议中，销售总监首先对市场环境和竞争态势做了一次详尽的汇报，然后重点阐述广告

费从 5000 万元追加到 1 个亿的理由和依据。总经理征求大家的意见和建议，结果大家都不吭声。总经理只好依次点将了："人力资源总监，你的意见呢？"人力资源总监说："总经理，销售方面我不太了解，如果公司资金方面没问题，我就没意见。"总经理有点懊恼，继续往下问："张总，你代表采购部门，你的意见呢？"采购总监更加滑头，他说："我同意人力资源总监的意见。"总经理黑着脸一圈问下来，轮到财务总监了："钱总，你不会也没意见吧？"我本来是有话要说的，但是看看大家都没发表意见，也把话咽回去了："既然大家都没意见，那么我也表示同意。"总经理这回终于发作了："我叫你们参加这个会议，不是让你们过来装聋作哑的，一个个都没意见，我要你们干什么，还不如我一个人决定就好了！我看这个预算管理委员会干脆解散算了！"

　　我们来分析一下，为什么会搞成这个样子。人力资源总监、采购总监他们其实说的是大实话，人家确实不懂销售，在这里硬充内行反对这反对那，合适吗？还有，他们心中有个顾虑：这次我反对销售了，下次销售总监会不会不问青红皂白就反对我的部门调整预算呢？他们不想做恶人，想为自己留条退路。预算管理委员会开了不知多少次会议，回想起来还真是次次都通过，这个预算管理委员会实质上成了"预算调增批准同意委员会"。

　　后来我和总经理单独交流这个问题，我说："预算管理委员会开会主要是仲裁、判断预算调整的事项，参会有不了解其他部门业务的客观事实，也有为本部门调整预算埋下伏笔的主观动机。其实真正想把钱花在刀刃上，提高投入产出效率的就两个人——财务负责人和企业负责人，只要这两个人把住了花钱关，预算管理委员会要不要开会真的是无关紧要的。"总经理觉得有道理，但还是有顾虑："一般情况下，你我两人基本能把控住花钱的关口，因为这是我们职责中的头等大事。但是你不懂业务，我又脱离一线很多年，有时碰到一些棘手的事情，处理起来还真是觉得心里没底。"

> 总经理的顾虑不无道理。我说:"总经理,我们是不是可以变通一下。单笔预算调整金额比如说 100 万元以下的,业务部门按照预算调整程序说明理由和依据,然后我审核你审批就好了;100 万元以上的,开专题会专项决定,参会的人根据决策相关事项临时确定,由相关人员提供专业支持和职业判断,不需要像预算管理委员会那样,无论决策什么事情,总是同一班人马出场。后来,公司取消了预算管理委员会,预算调整走预算调整程序,填报预算调整申请单,财务负责人审核,总经理审批,重大调整事项临时开专题会决定。

当然,大家在预算管理实践中,若觉得预算管理委员会履职还比较充分,那就没必要撤销预算管理委员会。若觉得预算管理委员会最终搞成了预算调整审批同意委员会了,也可以思考采取其他的改善方法和变通手段,创造自己的预算管理应用成功案例。

第六节 运行机制——建立行之有效的预算管理制度

一、预算管理制度的框架

预算管理制度是企业实行预算管理的一份纲领性文件,对预算管理的成败有着举足轻重的影响。

从预算管理的运行机制来看(见图 2-8),完整的预算管理制度包括总则、组织机构、预算内容、预算编制、执行规则、批准规则、控制规则、预算分析、预算调整、预算考评和附则等内容(见图 2-9)。

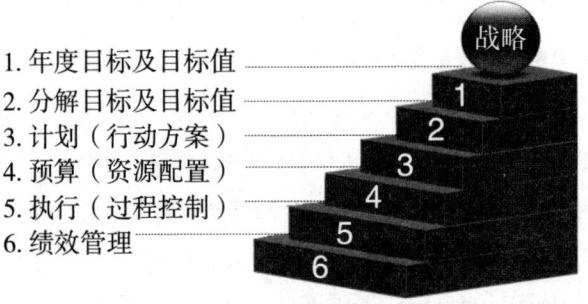

图 2-8 预算管理的运行机制示意图

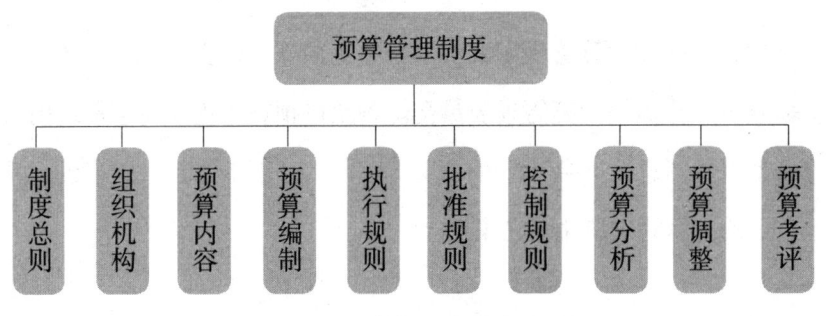

图 2-9 预算管理制度框架图

二、建立预算管理制度的注意事项

1. 可以借鉴模板。成熟的模板在制度框架和体系设计方面相对科学合理，这其实是要求站在巨人的肩膀上实施预算管理，否则起点太低、基础太差。

2. 补充血肉之躯。财务部门应在模板的基础上，根据自己对预算的理解和对公司业务的了解，起草预算管理制度方法层面和操作层面的具体条款。

3. 业务参与预算。制度初稿出来以后，必须组织公司所有业务部门、业务单元参与讨论、修订，以求完善。这个环节非常重要：

* 制度初稿出自财务，财务因为对业务了解有限，容易过分强调控制和制度的刚性，导致预算管理制度在操作性、流程效率、制度柔性、管理创新上一定有问题，需要业务部门来弥补、修订和完善；

* 业务部门如果没有参与进来，会认为财务部门在闭门造车、限制业务，从而与财务部门形成对立，认为预算管理就是财务部门的事情，与自己无关，以致预算管理在执行过程中很难取得业务部门的理解和支持；

* 业务部门参与预算管理制度条款的具体讨论，有利于业务部门深刻理解预算管理的原理和运行机制，以及对业务的具体要求和配合事项。

4. 改造管理体系。建议首先对公司原有的管理体系进行全面梳理，然后结合预算管理制度的要求，对原有管理体系进行修订和完善，而不是全盘否定原有管理体系，另起炉灶。需要改造的管理制度一般包括授权管理办法、合同管理制度、采购管理制度、存货管理制度、销售管理制度、资金管理办法等。

5. 不断优化、固化。预算管理制度可以先借鉴和参考别人的成功经验，进行模仿和复制，然后根据公司的具体情况，逐条进行修订完善，这是一个不断优化的过程。最终将预算管理的最佳实践成果内化为一种常态机制，将预算管理做到例行化（制度化、程序化），规范化（模板化、标准化）。固化不能简单理解为一成不变，而是例行化、规范化的预算管理制度也需要根据外部环境变化和内部业务流程调整，及时更新和完善。

三、预算管理制度如何落地

案例 2-11

某集团公司全面预算管理制度模板

第一章 总则

第一条 为优化集团公司资源配置,提升管理能力和素质,贯彻落实公司战略和组织目标,提高投入产出效率,使预算管理工作规范化、程序化,特制定本制度。

第二条 本制度适用于集团公司及所属各公司(含事业部、子公司、分公司)。

第二章 组织机构

第三条 集团公司预算管理委员会是预算工作的最高管理机构,其主要职责是:

1. 拟定预算目标,提供预算相关政策指导;

2. 审议通过预算管理有关制度、流程、表单;

3. 审批、下达预算总方案及各单位的年度预算;

4. 监督、检查和分析预算执行情况,提出改善建议和要求,及时纠偏;

5. 审批预算期内对预算事项的重大调整;

6. 调解和仲裁预算推进过程中的矛盾和冲突;

7. 审定预算工作报告,评价预算绩效,组织预算考评。

第四条 集团公司财务管理中心是预算工作的日常管理机构,负责组织预算工作的具体开展。其主要职责是:

1. 草拟预算管理制度,并根据执行情况及时提出修订建议;

2. 拟定预算编制方案、预算编制表单和编制要求；

3. 组织和指导各级预算单位开展预算编制工作；

4. 根据业务预算、资本预算编制财务预算；

5. 提供相关历史数据，协助预算审查和平衡；

6. 收集、审核、汇总、上报各单位年度预算草案；

7. 执行预算管理制度，按规定控制、调整预算指标；

8. 跟踪监督预算执行和预算分析，定期反馈预算执行结果和预算差异；

9. 按照预算考核体系为预算考评提供相关评价信息和考评建议。

第五条　集团公司各职能部门和所属各公司及其职能部门是预算工作的开展主体和责任中心，是各项业务活动的发生单位，负责预算的编制、执行、控制、分析和评价。其主要职责是：

1. 提供本单位获得和掌握的预算编制所需相关信息，拟定产品规划、经营管理政策、人力资源计划等；

2. 按规定完成本单位职责范围内业务计划和年度预算的编制；

3. 在年度业务开展过程中，在职责范围内，按照预算目标对预算的执行进行控制，执行预算管理制度；

4. 定期对预算差异原因进行分析，及时纠正偏差，并上报预算分析报告；

5. 根据经营条件和内外部环境变化，提出预算调整与修正申请；

6. 确认预算的考核结果；

7. 预算执行中遇到问题，及时与财务管理中心沟通，促进预算工作不断改进和提高。

第三章　预算内容

第六条　预算是以经营目标为起点，以投入产出为目的，以价值为计量单位，对公司未来的活动进行思考和规划，对公司内部各项资源进行合理配置、控制、分析和评价，以便有效地组织和协调公司的生产经营活动，保证各项业务活动在投入产出约束下按既定目标完成。

第七条　预算内容包括业务预算、资本预算和财务预算三个部分。

1.业务预算：是指与公司日常经营业务直接相关的各项预算，包括销售预算、生产预算、直接材料预算、直接人工预算、制造费用预算、产品成本预算及管理费用预算、销售费用预算、财务费用预算等。其中，销售预算是业务预算的编制起点。

2.资本预算：是指企业在预算期内进行资本投资和融资活动的预算，包括固定资产和无形资产的购置、更新、改造、扩建、对外投资、筹资预算等。

3.财务预算：是反映公司预算期内现金收支、经营成果和财务状况的各项预算，包括预计现金流量表、预计利润表和预计资产负债表。

第四章　预算编制

第八条　预算是资源配置的工具和表现形式，预算编制是基于公司设定的年度经营目标进行资源优化配置的过程。预算编制事关资源与组织目标的连接，事关资源与业务的对称，事关预算的可操作和可控制。预算编制的具体原则、方法和要求参照另文下发的《预算编制大纲》执行。

第九条　年度经营目标是预算编制的起点，是从公司的战略目标出发，在分析外部环境和内部条件的基础上，所制定的下一年度经营活动所要达到的预期结果。年度经营目标的制定和调整应遵循三个原则：

1.科学决策原则：要符合市场客观需求，以市场预测为基础，包括产品市场、物料市场、劳务市场和资本市场等。目标的制定一定要建立在资源和信息的综合平衡基础上，深入分析机遇和风险、优势和劣势等，并且相关人员应共同参与、充分讨论、达成共识。

2.股东期望原则：公司生存和发展的最终目标是实现股东价值最

大化，必须考虑股东的投资回报需求。在决策程序上，组织目标的确定，应通过股东会或董事会、总裁办公会等议事机构的审议批准。

3. 充分挖潜原则：以市场为基础，考虑投资回报率水平，在充分挖潜的前提下确定年度经营目标。

第十条 预算编制日程。每年的10月1日至12月31日作为下年度预算编制期间，各公司应根据当年的预算工作开展通知，按《预算编制大纲》的要求，在规定期限内完成预算编制工作，并审批下发。

第五章 执行规则

第十一条 预算一经批复下达，即具有指令性，各预算单位必须认真组织实施，严格执行。为保证资源优化配置，在预算执行时遵循以下规则：

1. 预算资源不等于必须投入资源。一切预算资源的投入必须提出申请并经过批准。所有预算申请服从重要性规则：一般项目，根据是否有预算额度批准或否决；重要项目，按申请时间点的需求必要性，验证后批准或否决。预算的投入使用必须结合期望的产出目标进行，具体按集团公司另文下发的《费用支出管理规定》的要求和程序办理。集团公司对资源投入有另外要求的，如固定资产购置审批、员工外出培训审批等，仍须遵照执行。

2. 先批准后实施，具体分两种情况：

① 不超预算项目：

* 单次金额在10000元以下的预算项目，事先报部门负责人批准，由各部门在预算额度内控制使用。

* 单次金额在10000元以上（含10000元）的费用、设备、土地、基建、技改投资等预算项目，事先必须按"预算使用申请单"形式进行审批。

* 对工资性支出、广告宣传费、设备采购等特定项目，可用其审批单据替代预算使用申请单。工资性支出项目，审批单据上必须注明当月预算金额、累计预算金额、累计发放金额；广告宣传费和设备采购，必须使用本制度附件中的审批单。

② 超预算或无预算项目：

* 事先填写"预算调整申请单"，按审批流程批准后，再按上述不超预算程序办理。

第六章 批准规则

第十二条 预算批准规则。预算执行时的审批流程按照分权逐级批准规则，并遵循自下而上的批准路径，这是建立在知情人话语权基础上的决策路径。

1. 初始申请人根据业务需要提出资源使用申请并予以说明，报上一级审核。

2. 若上一级同意，按规定的批准层级继续上报；若上一级否定，则退回不得实施。初始申请人不得超越批准层级而向更高层次申请，若对预算控制人的否定意见有不同看法，可通过向集团公司总裁或常务副总裁申诉渠道解决。

3. 各层级的批准者对批准有三个选择：

① 同意，继续上报，共同承担责任。（无须理由，直接报上一级审批。）

② 不同意，退回，独立承担责任。（须写明理由并选择：驳回不得申请，或继续报上一级程序审批。）

③ 有不同意见，不退回，上报不同看法，对自己意见的结果承担责任。

第七章 控制规则

第十三条 预算控制规则。预算控制规则的指导思想源于"基于业务的动态预算控制"理念。预算控制的作用在于平衡投入产出，通过对投入的必要性、经济性和时间性的控制，实现投入产出最佳比。在日常预算控制中应遵循以下五项基本规则：

1.全面控制规则。单位、部门及个人的与企业经营管理活动相关的一切支出,均纳入预算管理。预算是企业所有业务活动的前提和获取资源的唯一途径,要求做到"有预算不超支,无预算不开支"。一切突破原预算而又必须投入的资源,必须经过预算调整审批纳入原预算渠道方可投入。

2.事前控制规则。公司重大资源的投入在使用前必须接受审核,确保重大业务活动受控于预算。资源投入与否,不能仅根据有无预算,必须在业务活动过程中,根据当前环境的需求必要与否,通过预算的事前控制进行判断和决策。

3.过程控制规则。跟踪公司重要投入资源的使用过程和产出效应,即预算以业务过程及其控制为核心。事前控制是指预算控制的时点,过程控制是指事前控制的连续性。通过介入业务活动的控制,评估预算项目的合理性与必要性,在过程中修正期初预算——预算调整,在过程中控制资源价值——资源运用,在过程中控制价值目标——投入产出。

4.预算结余规则。预算项目的月度结余和季度结余可结转下期继续使用,但不得将余额转入下年度预算;为避免预算编制松弛,不得对预算结余发放奖金。

5.控制主体规则。一般以集团公司职能部门和子公司职能部门作为预算控制主体,部门负责人是预算执行责任人。若预算编制已细化到个人的预算项目,且部门有控制到个人的管理意愿的,执行过程中可按个人进行预算控制和信息披露。

第十四条 重要项目控制。根据"谁花钱,谁证明"和"80/20"原则,对单次金额在10000元(含10000元)以上的资源投入,包括费用支出、购买设备、土地、基建、技改投资等,在业务行为发生前,必须以"预算使用申请单"的形式报经批准,预算申请所附支持文件应完备、齐全,并作为款项支付的依据之一。例如:固定资产预算申请,须由申请部门提前提交必要的可行性报告,经资产管理小组评审和预算审批通过后方可办理合同签订、项目实施；对合同标的在10000元以上的非标准格式合同的签订，应追加预算控制人审核。申请使用预算，应从以下三个方面充分阐述理由：

1. 为什么要做这件事？

2. 为什么是现在做？

3. 为什么是这个金额？

审批使用预算须从五个方面把关：时点是否合理、业务是否真实、业务是否必要、业务度量是否合适、资金需求是否匹配。

对上述三条判断标准，若申请者提出充分证据，预算控制者又提不出任何反证的，项目放行；若预算控制者能对其中任一条证据提出反证，要么项目取消或递延，要么申请者继续证明项目实施的必要性。

这是基于"花钱比挣钱重要"的理念而引申出的：管起点、管过程，就是管结果。管理者必须以如何花钱的方式，证明其是否善意或有能力为股东和公司谋求利益。

第十五条 一般项目控制。为简化控制程序，对单次金额在10000元以下的预算项目实行总额控制，在预算编制时根据各部门的业务特点，一次性确定预算总额，预算批准后，如何使用由部门在额度内自行控制。对一般项目按上述规则进行控制，是建立在部门负责人能力胜任的基础上：若部门负责人无法有效管理该类资源，公司将无法授权其管理一个部门的业务开展和资源使用。

第十六条 资金预算控制。为加强、改善对货款回笼和采购付款及库存资金的管理，提高经营质量，确保现金流安全，实行资金预算控制，以"资金预算平衡表"的形式，纳入集团公司资金收支统一管理，具体管理办法由集团公司另文下发。

第八章 预算分析

第十七条 预算分析的作用。预算分析是全面预算管理过程中非常关键的一个环节，通过制度化、程序化的分析平台，发挥预算的沟通和计划功能，发现各单位在预算执行中存在的问题，深入挖掘各个部门、各个环节所存在的不适应市场要求和公司发展的现象，找出根本原因，推动各单位、各部门齐心协力，及时采取措施从根本上予以解决。

第十八条 预算分析的程序。

1. 信息反馈。财务部门应及时、准确地记录各预算单位的实际发生数和预算数，建立、健全预算分析报表跟踪体系和预警机制，每月15日前向公司领导和各预算单位负责人通报上月预算执行进度和差异的相关信息，为管理者提供决策信息支持。

2. 差异分析。各预算单位在财务提供的预算执行通报的基础上，通过实际数据和预算数据的差异对比分析和执行进度分析，形成对本部门的经营现状、投入资源和管控能力的详细、全面的认识，找出产生差距的原因，并提出相应的改进措施。具体按以下要求进行差异分析：

① 总结上月改进措施的贯彻落实情况。

② 评估上月工作任务完成情况，根据对事实的分析，对预算执行工作的合理性和有效性进行业绩跟踪。

* 综合历史数据、目前现状，以实际结果和预算的偏离为突破口，分析、评估预算执行工作是否令人满意，是否符合公司的要求；

* 如工作不能令人满意，尚存在哪些问题。

③ 对发现的重大或主要问题进行深入分析，界定责任。

* 找出影响预算目标的主要因素有哪些，并将其分解为内部因素和外部因素；

* 找出造成上述因素的部门和人员有哪些；

* 确定发生问题的责任人是谁。

3. 改进方案。针对信息反馈和差异分析中发现的问题，责任人要提出相应的改进措施，以保证公司年度预算目标和整体经营目标的顺利实现。

确定行动改进计划，计划应包括以下主要内容：

① 改进事项；

② 改进时间；

③ 完成改进方案后的预期结果；

④ 行动改进措。

行动改进计划可单独编写，也可作为预算分析报告的一部分一并上报。

4.跟踪落实。通过对改进行动的跟踪、检查，将改进方案落实到行动上，实现持续、有效的改进，最终实现公司的预算目标。

① 预算控制部门负责对各预算单位上报的行动改进计划进行跟踪、监督和评估；

② 在下次预算分析报告中，由各预算单位汇报改进行动的结果和相应的奖惩情况。

第十九条　预算分析的要求。按照谁投入、谁负责的规则，所有预算单元（部门）必须在每个季度结束后10日内报送本部门的投入产出预算分析报告，编制形式应包括图表、数据、比较分析、趋势分析及文字解释等。对未按时提交报告的部门，停止该部门后续的一切资源投入审批。

第九章　预算调整

第二十条　预算调整理念。因预算编制与资源投入使用在时间上和空间上不一致，执行预算的条件和环境与年初制定预算时比较，可能会有较大变化，且预算编制也会有不当或错误之处，执行过程中预算调整是必然的，这是基于业务和动态的预算性质所决定的。但是要用组织的方式应对业务的变化，通过规范的预算调整程序，将各类预算变动适时纳入预算系统，应用确定的规则来规范不确定的、非规则的事件，杜绝预算外渠道的产生。

第二十一条　预算调整时间。为适应经营环境的多变性，提高企业的快速反应能力，保证预算管理"刚性而不僵化、灵活而不失控"，预算可以调整，并且不受滚动预算或季度预算的时间限制。业务行为发生前以"预算调整申请单"的形式提出申请，履行审批程序。

第二十二条　预算调整理由。预算控制部门应对预算调整申请理由的正当性进行判断，这就要求业务部门必须对提出的调整申请做出证明：

1. 市场或环境是如何变化的？这是市场信息的反馈控制，基础就是信息交流路径，据此了解市场或企业环境是如何发生变化的，是什么性质的变化。

2. 市场或环境的变动是如何影响相关业务的？影响程度如何？这是计划和资源的反应控制，即市场与内部环境的变动是如何影响业务目标和任务的；职能部门是否做出反应，做出什么样的反应；是否需要调整计划与资源配置，以适应市场和企业的需求。

3. 预算增加是不是实现组织目标所必需的？是否有利于目标？这是判断反应必要性与合理性的准则。一切因变化而引起的资源调整，必须与组织目标相关，且有益于组织目标。

真正的需求是要证明的，申请人有证明需求的客观背景的义务和责任。若证据充分、证明成立，预算调整或增加就是必需的。若证据不充分或证明逻辑不成立，则不予调整或增加预算。

第二十三条　预算调整性质，包括追加预算金额、新增预算项目、项目之间转换三种情况。

1. 追加预算金额：指原预算项目金额不足以完成相应的经济业务行为，预算责任单位提出追加预算申请，影响总资源投入。

2. 新增预算项目：指预算编制时未考虑到的预算项目，为完成必需的经济业务行为，预算责任单位提出新增预算申请，影响总资源投入。

3. 项目之间转换：指一个预算项目金额需要增加，同时减少另一个预算项目金额，确保预算资源投入总额不变。

第二十四条　预算调整原则。

1. 内部充分挖潜。当不利于预算执行的因素出现时，应首先通过内部挖潜或采取其他措施弥补。

2. 项目转换优先。预算确需调整时，原则上采取项目转换的调整方法，这是一种既保证业务目标的实现，又不突破预算笼的积极调整措施。

3. 界定调整责任。采取追加预算或新增预算方法调整预算时，须根据调整理由，界定是否承担相应管理责任。

第十章　预算考评

第二十五条　为严肃预算管理，保证预算管理的刚性，对事先应以"预算使用申请单""预算调整申请单"履行审批程序，但未履行且已发生资源投入的，财务应拒付；对各部门在预算额度内自行控制使用的项目，费用报销时发现超预算的，财务应拒付。

第二十六条　发现事后补办预算审批程序的，应以"预算考核通知单"考核责任人20～200元/次；财务主管未按规定提报考核的，分别考核财务主管和责任人10～100元/次。

第二十七条　发现预算执行过程中越级申请批准的，应以"预算考核通知单"考核责任人20～200元/次；财务主管未按规定提报考核的，分别考核财务主管和责任人10～100元/次。

第二十八条　经审批同意调整的预算项目，每次由预算监控人对调整事由进行评价，应由预算责任人承担管理责任的，应定期予以通报，并纳入月度（季度）绩效考核。

第二十九条　财务管理中心在月度（季度）结束后20日内通报预算执行情况，对各公司及各职能部门的预算管理工作进行评价和通报，包括预算编制、预算执行、预算调整、预算分析等内容，并纳入月度（季度）绩效考核。

第三十条　预算管理必须与公司的目标管理和考核制度相连接，预算考评应与绩效考核体系一体化操作，共同保障组织目标的实现。应对部门负责人以上所有人员设定预算KPI指标，包括投入产出效率定量指标和预算执行情况定性指标，定期由财务管理中心提供考核依据。

第三十一条　预算责任人应在收到"预算考核通知单"或"考核通报"的7天内向集团公司财务缴纳考核款项，逾期加倍。

第十一章　附则

第三十二条　本制度由集团公司预算管理委员会负责解释和修订。

第三十三条　本制度自201×年1月1日起执行。

附件：

1. 预算使用申请单；

2. 预算调整申请单；

3. 预算考核通知单；

4. 品牌形象传播活动方案审批表；

5. 设备采购申请单。

××公司预算使用申请单

预算申请部门		申请项目名称	
具体业务行为			
预算申请日期		预计使用日期	
原定预算金额		预计使用金额	|various

申请理由：	
1.为什么要做这件事？	针对三条判断标准，若申请者提出充分证据，预算控制者又提不出任何反证的，项目放行；若预算控制者能对其中的任一条证据提出反证，要么项目取消或递延，要么申请者继续证明项目实施的必要性。
2.为什么是现在做？	
3.为什么是这个金额？	
申请人：	部门负责人：

财务（预算）经理意见：	预算考核提议：
全年预算总额：	
全年已用总额：	
签名：	日期：

预算管理委员会主任意见：
签名：　　　　　　　　　　　　日期：

子公司总经理（集团总部总裁）审批：
签名：　　　　　　　　　　　　日期：

说明：

1. 单次金额在10000元（含）以上的所有预算项目，在业务行为发生前必须履行预算使用审批程序；
2. 审批使用预算，必须从以下5个方面把关：时点是否合理、业务是否真实、业务是否必要、业务度量是否合适、现金需求是否匹配。

××公司预算调整申请单

申请部门		申请项目	
申请日期		转出项目	
调整性质	转换□ 追加□ 新增□	调整金额	

申请理由：
（基于市场、环境的变动需求提出调整申请。若理由合理充分，预算调整就是必需的；若证据不充分，或逻辑不成立，不得调整预算。）

1. 相对于年初做预算时，外部因素是如何变化的？

2. 外部因素变动是如何影响相关业务的？影响程度如何？

3. 预算调整或增加是不是实现组织目标必需的？是否有利于目标？

申请人： 部门负责人：

财务（预算）经理意见：
（基于市场或环境的变动需求、组织目标的影响。）

预算考核提议：

签名： 日期：

预算管理委员会主任意见：
（基于市场或环境的变动需求、组织目标的影响、公司财务承受能力及预算管理评估。）

预算考核提议：

签名： 日期：

子公司总经理（集团总部总裁）审批：

签名： 日期：

××公司预算考核通知单

预算执行责任人	
考核事由	签名：　　　日期：
考核金额	大写：
	小写：
责任人陈述	签名：　　　日期：
预算管理委员会主任审批	签名：　　　日期：

品牌形象传播活动方案审批表

公司名称		部 门		编 号	
方案内容				数 量	
制作要求					
预计费用		原预算金额		预计完成时间	
实施方案或申请理由（附广告设计样稿、说明要求等）					
经办人签名		部门负责人意见			
审核部门意见		预算管理委员会主任意见			
总经理审批意见		集团总裁批准意见			
备注	1.报销时请将本表（经审批的）原件附于发票后面，否则不予报销。 2.预算金额在10000元（含）以上的，须在实施方案中说明：为什么要做这件事？为什么是现在做？为什么是这个金额？同时须追加预算控制审批。 3.子公司单项实施费用超出10000元（含）以上的须追加集团总裁审批。				

设备采购申请单

设备名称		设备型号		主要规格	
购置理由					
采购价格及采购时间					
预算金额			预计完成时间		
子公司设备主管意见			子公司总经理意见		
集团总部设备主管意见					
集团总部固定资产小组意见					
预算管理委员会主任意见					
备注	1. 报销时请将本表（经审批的）原件附于发票后，否则不予报销或付款。 2. 预算金额在10000元（含）以上的，须在购置理由中说明（可单独附页）：为什么要做这件事？为什么是现在做？为什么是这个金额？同时须追加预算控制审批。 3. 此报告单一式四份，申请部门一份，固定资产主管一份，固定资产管理小组一份，财务部门一份。				

第七节 保障机制——保证预算编制质量和执行效果

一、如何为公司量身定制预算编制大纲

案例 2-12

某集团公司 201× 年度预算编制大纲模板

第一条 编制理念

办企业的目的就是盈利，即企业的组织目标。组织目标的实现是从投入开始的，投入即资源配置。如何配置资源，是决策行为，是实现组织目标的起点。预算是资源配置的工具和表现形式，是资源配置的过程；预算编制过程是管理者对未来行动的思考过程和决策过程。

目标、计划和预算的关系：目标、计划和预算是三位一体、层层递进的关系。目标是计划和预算的起点，计划是寻找实现目标的业务路径（行动方案），预算是寻找实现目标的资源路径（资源需求）。没有目标，不需要做计划；没有计划，不需要做预算，也做不出预算。

第二条 预算责任

总经理对经营目标（利润）承担责任；营销部门对经营目标（销售收入）承担责任；财务部门监控执行过程，保障利润目标的实现；各职能部门依据投入产出最大化原则，执行实现组织目标的业务计划和业务过程。

第三条 编制基础

各预算编制单元必须基于企业确定的目标任务和工作计划，在规定的时间内完成各自的预算编制。每一个预算项目必须基于确定的目标或任务，按此计算完成任务所需要的资源，也就是说每一个预算项

目要有编制理由和计算依据。凡无具体目标或任务，仅根据以前年度实际发生数按系数计算的预算，公司不予认可。

第四条　编制逻辑

预算的编制一定要基于业务流程、工作关系逻辑。

凡属部门独立的资源需求，各部门可以在预算编制开始日，根据对应的工作目标任务编制各自的预算。

凡与其他部门有业务流程关系的（如制造部门预算需要上游销售系统提供商品销售计划等数据），应根据上游部门相关计划，顺次编制本部门的有关预算。

第五条　编制流程

1.下达经营目标。经营目标是一切工作的起点。预算是基于组织目标的资源配置和控制活动，配置和控制企业的资源必须以组织目标作为思考和行动的起点。

2.拟定公司政策。公司政策包括商务政策、薪酬政策、组织机构、人员三定、招待费使用管理办法等内容。

3.分解组织目标。公司经营目标下达后，需要对目标按职能部门进行分解和细分，明确各个部门的工作目标和任务，选定关键业绩指标即KPI指标，作为预算考核和绩效管理的基础。

4.编写工作计划。重要的并不在于做，而在于做什么，如何做。只有理性地认识到应该做什么，找到了如何做的正确路径与合理方法，做的结果自然就在其中。公司的目标或部门的目标，都需要转化为具体的行动方案，都需要通过实际的业务活动才能实现。编写的工作计划，应能落实目标的程序安排和进度安排，表现为如何推进业务活动。

5.编制预算草案。在目标和行动方案明确的前提下，要通过预算编制来实现具体目标或任务的资源安排，找到投入最为优化的资源路径。

第六条 编制规则

如何编制预算,事关资源与目标的连接,事关资源与业务的对称,事关预算的可操作性和可行性。预算编制规则就是用统一的思想和方法,来规范和引导企业的预算编制活动,确保围绕组织目标合理配置资源。

1. 谁做事、谁花钱、谁编预算。

* 业务部门最了解本部门的业务,又承担着明确的目标和任务,最清楚实现目标和完成任务的资源需求,其编制的预算会更切合实际。

* 业务部门是实现目标的执行机构,如何确保目标的实现,需要各执行机构自己去寻找清晰的、具体的实现路径并予以证明,预算就是其实现目标的资源路径。

* 业务部门(责任人)是分解目标的责任者,企业如何判断其具备责任承担的能力?需要通过其设计的业务执行路径(计划)和资源使用路径(预算)的合理性与可行性予以证明。部门预算编制的水平反映部门责任人的管理素质,是检验各部门责任人履行其职责的能力和资格之一。

* 财务部门不承担任何业务目标责任,因此财务不需编制业务单元预算。在预算编制过程中,财务机构的作用在于组织、协调和平衡预算工作的过程和结果,保证预算目标可以实现。

* 按照责任原则(谁承担责任,谁负责编制预算;承担什么责任,编制什么预算)。业务部门为履行责任而编制资源需求的部门预算,天经地义,责无旁贷。

2. 预算编制理由及计算基础规则。

* 预算编制是资源的配置过程,预算资源要基于企业目标,落实到每一个业务单元和每一项具体的业务项目或对象的构成项目。

* 如何证明资源需求的必要性?各部门要对列入预算的每一个项目都给出充分的理由。预算是实现目标和完成任务的实施路径,如何

证明路径的存在和成立？部门要对列入预算的资源，给出其对应任务或目标的逻辑解释。

* 预算的目的是追求投入产出最优，如何证明投入产出的优化？各部门要在证明项目必要性基础上，继续证明其合理性。预算投入合理性的证明，表现为每一个预算项目投入量的计算基础。

* 当编制的每一个预算项目都列出了充分理由和合理计算，企业就找到了实现目标的具体执行路径。

3. 零基预算规则。

零基预算规则是一种预算编制方法，其基本思想是，各部门编制预算必须基于确定的分解目标和工作任务，而不是以往年度的消耗。在实际操作中，参考往年的实际数据是必然的甚至是必须的。但为什么还要提倡零基预算？原因有两个。

* 适应经济环境的变化。

企业面临着外部环境的持续变化，今天不是昨天的简单延续，明天也不是今天的完全复制。零基预算规则有助于企业剔除以往年度预算中的不合理因素，在新的环境和目标下，研究并分析支出项目的必要性和投入量，防止预算编制单位仅仅根据上年基数和自由想象的系数敷衍塞责。基数加系数的单纯算法只是粗糙的数字游戏，由于没有实际的编制理由和计算过程，也就无法反映管理者的思维方式和作业路径。因此，各预算单元、各预算项目的年度计算均以零为基底，所需投入一律以企业目标和本单位应完成的年度产出目标或工作任务为计算依据，为预算平衡提供检验依据。当然，要求预算编制者完全撇开经验数据是不现实的，适当的参考也是必要的，甚至作为某些项目的编制依据也是可能的，但不能违背本原则而成为编制原则或唯一方法。

* 培养管理者关于资源配置的分析与决策能力。

管理者的管理水平要通过实践来锤炼和体现。零基预算编制是部门管理者的入门课，过不了这一关，说明该管理者缺乏作为管理者应具备的基本能力——分析和决策。当企业不允许以基数加系数方法编制预算，当预算编制应与目标相匹配，当编制的每一个预算项目应提出理由和计算依据，管理者就必须动用其所具有的业务知识和管理技巧，编制出至少在表面上能够经得起逻辑检验的预算。于是，预算编制过程就成为编制者对未来行动的思考过程和决策过程，零基预算规则也就制造了考察和培训管理者决策能力的机会。

4. 积极预算原则。

所谓积极预算，指的是以高于以往年度的经营效率指标作为本期经营指标的基础。企业在制定经营目标时，经常会提出成本下降指标，即通过限制预算资源投入的方式，来实现成本下降目标。成本下降是组织目标和组织行为，需要通过上下互动才能产生期望的结果。在企业层次，应当以积极预算思想和政策，对执行部门进行路径引导，给予压力。没有政策的压力，人们的智慧和能量就会在惰性的环境里蒸发。减少投入的一切措施，都需要通过业务操作环节来实现，组织目标的压力会促使执行部门按引导的方向去寻找目标的合理业务路径。没有压力，就不会产生动力；没有方向，就没有方法。

积极预算政策把企业运作、目标管理、内部控制、成本管理融合在一起，使其成为优化实现企业目标的联合手段。积极预算政策是调动企业管理的刚性规则，它把管理"逼"成日常行为。

第七条　保证措施

为保证预算编制准确，促进各预算单位严肃、认真地对待预算编制工作，达到为未来而思考、为未来而准备、为未来而行动的目的，以下管理措施将纳入另文下发的《预算管理制度》。

* 在预算平衡阶段，对每一个预算项目的审核，要求有编制理由和计算依据，以零基预算为编制基础；对理由不充分或依据不明确的，仅根据以往年度实际发生数按系数计算的预算，公司不予认可或对其按上年基数打六折进行调整。

* 预算编制工作结束后，根据各业务部门为完成分解目标及工作任务而规划、设计的业务路径（计划）和资源路径（预算），预算管理部门将做出相应的管理能力评价，作为领导判断和检验各业务部门负责人履行其职责的能力与资格的参考资料。

* 将预算编制是否符合要求，编制是否及时、准确、完整，和预算关键指标一起纳入责任人绩效考核。

第八条 项目说明

对每一类或每一预算项目，预算编制单元应分别做出编制说明，解释每一项、每一类列入预算的理由及计算依据，若有必要，应另附清单。

* 预算项目的理由是对该资源需求的简单任务说明，可直接在预算表上设说明栏目概括，需详细说明的任务或项目应单独附解释清单。

* 预算项目的计算基础，是对列入预算项目的具体数据算式，按每一个不同的预算项目单独计算。

第九条 资本预算

对较大的技术改造、固定资产增加等资本投资预算，按如下规则实施：

1.相关部门或归口管理部门提出预算年度内的资本增加需求计划（须附详细说明）；

2.预算委员会根据发展规划和技术、资源等条件，统一评审、安排可能的资本增加；

3.只有经过评审批准的资本增加计划或项目，才可列入部门的独立资本预算；

4.财务部门将批准的资本增加计划或项目，报集团公司固定资产管理小组备案。

第十条 主营业务成本预算

主营业务成本由直接材料、直接人工、制造费用组成。人力资源部门依据岗位设置、工作职能目标及相应的工作计划，负责直接人工预算的编制。制造部门与技术部门依据营销部门的销售预算、产品生产工艺、BOM 表、废品率等指标，负责产品直接材料的投入量预算。采购部门依据材料的采购价格，负责对制造部门编制的直接材料投入量的价格预算。可控的制造费用（如维修费）由制造部门依据生产计划编制，不可控的制造费用（如折旧摊销）由财务部门编制。

第十一条 期间费用预算

为了加强对期间费用的管理，各项费用按归口分级管理的原则，由归口管理部门编制预算。同时遵循业务相关可控制原则，各部门涉及的人工费用，全部由人力资源部门编制预算；不受部门控制的折旧、摊销等，职能部门不用考虑，由财务部门统一预算。（注意：当年产生的费用应在当年 12 月 31 日前予以报销入账；因特殊情况不能及时报销的，应在下年度的预算中予以体现。）

1. 人工费用。指为职工支付的各项费用，含工资、绩效奖、年终奖、福利费、社险费、公积金及其他补贴性费用。除福利费由总部专业委员会制定统一政策，各子公司参照执行外，其他人工费用一律由各单位人力资源部门统一编制。其他部门应根据确定的任务和计划，考虑可能的人员变动（增减或结构调整），对可以预计的人员变动情况向人力资源部门提交变动计划。

2. 组织活动费。指公司或部门组织员工活动产生的费用，含模范（优秀、先进等）员工旅游、年终/中秋晚会、党员活动、团委活动、运动会、公司或部门组织员工聚餐、休闲活动等。由归口管理部门结合公司或部门的目标及任务，提出合理资源需求计划和说明，经预算平衡后确定保留的项目和金额列入预算。

3. 差旅费。指因公司业务出差发生的交通费、住宿费、差旅补贴等，含使用公务车（但油费列入汽车费用）、私家车出差产生的相关费用。职工因公外出的各种差旅费、住宿费、津贴补助费，按工作需要出差次数、出差地点和规定的差旅费标准计算编列。差旅费要求先按出差人员编制，再由部门汇总编列。营销部门业务员的差旅费可依据营销政策，按销售收入的一定比例进行弹性预算。

4. 办公费、电脑耗材。为统一平衡和安排公司的需求，降低采购成本，采取分散请求、统一控制、分散预算、集中采购的原则进行管理。

* 办公费。指日常办公的必需品，如计算器、文件夹、笔、胶水、装订线、凭证报表封面、印油、费用报销单印刷、购发票费用等。

* 各业务单元根据工作性质和人员，测算出相对合理的人均费用，纳入本部门预算。将批准的预算交公司指定的办公用品采购部门，由指定采购部门统一采购，统一报销，日常由指定采购部门进行总额控制，超预算一律不得采购和报销。

* 电脑耗材。指与计算机相关的费用，如复印纸、墨盒、色带、优盘、光盘、电脑配件、光纤、网线、电脑/打印机/复印机维修等。

* 各业务单元编制本部门需求清单纳入本部门预算，将批准的预算交指定管理部门，由指定管理部门统一采购，统一报销，日常由指定采购部门进行总额控制，超预算一律不得采购和报销。

5. 修理维护费用。指对厂房基建、机器设备、公共设施等日常维修所产生的费用，以及产品检测、锅炉检测、行车检测、灭火器维护、监控设备维护等费用。日常维护及修理，由所属车间或使用部门负责并列入其费用预算。定期大修由专业管理部门负责编制维修计划，列入专业管理部门预算。

6. 会务费。指组织或参加公司业务相关会议所产生的全部费用，含到外地参加会议的相关差旅费、住宿费、补贴等。由会务组织部门或参加人员按会议项目计算编列。

7. 培训费。指企业对内部员工发生的培训、教育费用，含订购的报纸杂志、管理书籍费用。企业的人员培训计划和支出包括业务部门和公司两个层次。对培训预算的编制应按下述规则执行：

* 业务部门根据本部门的特点和工作需要，提出部门年度培训计

划,递交人力资源部。

* 人力资源部统一汇总分析所有单元的培训需求,合并同类培训项目,同时加入基于公司层次的培训,两项内容组成公司的培训费用预算。

* 实际执行时,各需求单位根据计划提出申请,人力资源部门组织安排。

8. 招待费。指企业发生与生产、经营直接有关的业务招待费用,包括餐饮、娱乐、旅游、住宿等。按预算年度业务需要,本着投入产出最大化原则,按人员、部门计算编列。销售部门的招待费应结合预算年度的销售量与销售收入,采用弹性预算方法编列。要求先按招待人员编制,再由部门汇总编列。

9. 招聘费。指企业为招聘人员而发生的相关费用。由人力资源部根据公司招聘计划编列。

10. 咨询费。指支付给中介机构或个人的咨询费、服务费、审计费、顾问费等。根据实际需求计划编列。

11. 诉讼费。指企业为诉讼案件产生的费用,如支付法院的诉讼费、律师的差旅费、律师佣金等。根据企业生产经营活动的实际情况,预计可能发生的诉讼,按国家规定的收费标准估算编列。

12. 汽车费用。指公司的公务车辆所产生的加油费、通行费、修理费、各种规费。车辆管理部门按预算年度使用的所有车辆状况,分别预测所需的各种费用。

13. 软件网络费。指软件(网络)维护、使用等相关费用。如网络升级、站点增加、光纤年费、VPDN服务费、开票系统维护费等。根据实际需求编制预算。

14. 电话通讯费。根据各业务部门工作性质,一次确定年度总额列入各部门预算。

15. 折旧摊销费。企业发生的折旧、摊销费用是不可控制的必需费用，不涉及现金流，仅影响会计利润，因此所有业务部门均无须编制该项费用预算，由各预算单元财务人员依据上年数据并结合本年度资产需求计划进行填列。

16.公告费。指为车辆资质发生的公告费用。由公告归口管理部门根据公司预计的公告申报项目计算编列。

17.广告宣传费。指通过媒体传播的广告宣传支出或开展业务宣传活动的支出，如企业样本印刷、横幅灯箱制作、报刊印刷及稿酬费、名片印刷等。按公司预计投入的相关报纸、杂志及其他媒体的广告宣传项目编列。

18.资源使用费。指租用厂房、设备、车辆及使用相关资源等所产生的费用。根据相关租赁合同编列。

19.排污费、绿化费。指经营过程中按规定应支付的排污费及公司绿化费用。由归口管理部门按照规定应缴纳的排污费用及年度绿化项目计算编列。

20.财产保险费。指企业支付给保险公司的财产保险费用。由归口管理部门依据参保基数和费用计算编列。

21.低值易耗品消耗。指财务上不作为固定资产核算的各种用具、物品（单价2000元以下），如办公工具、文件柜、档案柜、办公器具、保险柜、普通办公桌椅、电话机、电风扇等。按实际需求计算编列。

22.各项税金及附加。指增值税、企业所得税以外的一切可计入费用中的税金及附加，如房产税、车船使用税、土地使用税、印花税、城建税、教育费附加等。由各预算单元财务人员按各项税金及附加项目的计税依据和税率计算编列。

23.运输费(送车费)。指在采购、销售等环节产生的相关运输费用。根据预算年度销售量及相关费用标准计算编列。

24.销售返利、销售提成。根据预算年度的销售量及相关返利、提成政策，采用弹性预算方法计算编列。

25. 财务费用。指企业在生产经营过程中为筹集资金而发生的各项费用，如利息支出（减利息收入）、汇兑损益、承兑汇票贴息、手续费等。由各预算单元财务人员根据预算年度贷款额、贷款利率、以往年度利息收入和支出计算编列。

26. 其他费用。根据预算年度情况、以往年度历史资料和有关政策规定编列。

第十二条　其他

1. 本大纲由集团公司财务管理中心负责解释和修订；

2. 本大纲自201×年10月1日起施行；

3. 未尽事宜或不清楚事项，可向集团公司财务管理中心咨询。

二、预算"两会"为什么非开不可

要保证预算管理的效果，企业必须开好"两会"。预算在编制阶段有两会——预算启动会、预算答辩会，这是保证预算编制质量的；预算在执行阶段也有两会——预算分析会、预算考评会，这是保证预算执行质量的。预算"两会"是为总经理履行预算管理一把手职责所要做的三件事情而量身打造的，也是保障企业的预算管理发挥长效机制的一种制度安排。

先来看预算启动会。预算启动会标志着企业下一年度的预算工作已经正式摆上日程了。预算工作什么时候启动比较合适呢？这没有统一的定论，取决于企业规模的大小、组织单元的多少、预算基础的高低及企业外部环境的复杂程度和不确定程度。一般原则是，不宜早、不宜迟、不跨年。建议一般的企业从10月份开始启动预算。有些公司五六月份就开始着手明年的预算了，除非公司规模实在太大了，否则没这个必要，因为那个时候大家的工作重点不会在预算上。预算编制阶段不要拖得很长，否则会搞得大家都很疲惫，劳民伤财。可以晚一点启动，但是启动以后，各项工作尽可能安排得紧凑一点。不跨年是指尽量争取在12月31日前将年度预算方案审批下发，以此时间节点倒逼各项预算工作的安排。有些企业在春节后预算方案才审批下发，这样一来第一季度的预算执行与控制就会出问题。

召开预算启动会的主要目的是统一思想、凝聚共识、明确要求等，因此，企业可以通过横幅、网站、报刊、公众号等多种形式进行发动、宣传、造势，营造良好氛围，配合预算工作顺利开展。预算启动会可以由财务负责人主持，但是总经理必须在启动会上强调，预算答辩会就按照启动会的要求来逐条答辩。总经理最好能够全程参加预算启动会，如果临时有事，可以这样说："在会议开始之前，我强调一点，启动会上主持人会把各位预算责任人的目标和要求下发给大家，预算答辩会上我会按照本次会议布置的具体要求逐条检验，每个预算责任人有三次答辩机会，若三次都没通过，责任人就地免职！"总经理只要在预算启动会上把这一点交代清楚，会议其他所有事项和议程由财务负责人搞定就行。

再来看预算答辩会。每个分/子公司、业务单元、职能部门要答辩哪些内容，已经在预算启动会上事先告知大家了。总经理作为考官，坐镇预算答辩会，谁还会在预算编制阶段潦草马虎、敷衍了事？谁会把自己在企业的前途命运视同儿戏？

然后是执行阶段的预算分析会和预算考评会。在这里给大家一个建议：必须想方设法为总经理减负。有的企业一搞管理项目，就弄出几个会议、几个制度，总经理从此就陷入文山会海不能自拔。能不能对公司的会议整合一下，做一次合并同类项呢？比如把预算分析会和预算考评会合二为一，财务分析会、经营管理会、资金平衡会、绩效考评会等会议合并召开分析考评会。至于开会的频次，可以根据公司的情况决定。个人建议，分析考评会一个季度召开一次比较妥当，既有利于纠正偏差，也有利于提高效率。

在分析考评会，每一个预算责任人汇报预算执行情况怎么样、偏差原因是否找到、改进措施是否到位等，总经理逐一进行评价。其实评价也不都是负面的处罚，也有正面的激励。比如说研发总监的预算管理做得很好，他在预算分析考评会分析的原因、提到的措施也非常到位，总经理就可以这样给他评价："好样的！能否请王总有空的时候给大家分享一下预算管理心得体会，我会亲自带队参加的。"你会发现那个研发总监随后三个月都是精神焕发。

三、预算启动会如何召开才能保证效果

案例 2-13

某集团公司 201× 年度预算启动会议题准备模板

（一）为什么要严肃、认真地对待预算编制工作

1. 预算编制是分析和决策行为，是资源配置过程（参看案例 2-12）。

2. 目标、计划和预算的关系（参看案例 2-12）。

3. 发挥工作计划承前启后的作用。

* 凡事预则立，不预则废；

* 行成于思而毁于随；

* 谋定而后动。

重要的不在于做，而在于做什么、如何做。只有理性地认识到应该做什么，找到了做的正确路径与合理手段，做的结果自然就在其中，一切行动才有意义。

4.发挥预算工具卫星导航的作用。

如何让预算管理真正起到卫星导航的作用：人人头上有指标，人人会应用，想应用，离不开。

* 合理确定参照对象；

* 严密监控业务过程；

* 建立分析纠偏机制；

* 完善绩效考评体系。

5.案例共享：为什么要编制预算？

* 首先，编制预算让公司所有部门可以事先清楚下一年的目标，要干什么、怎么干；

* 其次，我们可以厘清为达到组织目标，企业目前的资源状况是怎样的，还要做哪些准备；

* 再次，通过预算，我们可以发现企业要进行预算控制，在制度上和流程上还存在哪些缺陷。

对于明年的预算组织，首要的是统一思想和认识，重点要抓好仓库库存的预算和销售回笼的预算。

（二）为确保预算编制质量，应如何设计预算编制流程

1.下达经营目标（组织目标）；

2.拟定公司政策（商务政策、组织机构、人员三定、薪酬政策等）；

3.分解经营目标（KPI指标）；

4.编写工作计划（业务路径）；

5.编制预算草案（资源路径）。

（三）如何编制预算，即预算编制的操作规则是什么

如何编制预算，事关资源与目标的连接，事关资源与业务的对称，事关预算的可操作和可控制。预算编制规则就是用统一的思想和方法，来规范和引导企业的预算编制活动，确保围绕组织目标合理配置资源

(参看案例2-12)。

1. 谁做事、谁花钱、谁编预算;

2. 预算编制理由及计算基础规则;

3. 零基预算规则;

4. 积极预算原则。

(四)明年的预算考评工作计划如何开展

1. 在预算平衡阶段,加强对每一个预算项目的审核,要求有编制理由和计算依据,以零基预算为编制基础;对理由不充分或依据不明确的,仅根据以往年度实际发生数按系数计算的预算,公司不予认可或对其按上年基数打六折进行调整。

2. 预算编制工作结束后,根据各业务部门为完成分解目标及工作任务而规划和设计的业务路径(计划)与资源路径(预算),预算管理部门将做出相应的管理能力评价,作为领导判断和检验各业务部门负责人履行其职责的能力与资格的参考资料。

3. 以季度为单位,针对预算控制和预算调整过程中掌握的信息,通报各业务部门在预算编制和预算使用中的管理绩效及不足。

4. 要求各业务部门每月提交预算分析报告,作为部门继续申请预算资源的资格依据。即如果某个部门不提交该报告,就没有资格继续使用企业资源。目前的预算分析工作结果很不理想,各公司、各业务部门对此缺动力、缺压力、缺认识。

5. 预算考核与绩效管理相结合:

* 初步建立"千斤重担众人挑,人人头上有指标"的预算考核指标体系。

* 将预算流程执行结果纳入预算考核范畴,即衡量和评价预算编制是否符合要求,是否准确及时;预算分析是否到位,纠偏措施是否有效;预算执行、预算调整是否符合制度要求等。

* 用预算考核得分调整当月或当季绩效分数。

（五）201×年度预算编制工作的时间安排

1. 10月15日前，各公司完成公司政策拟定工作，包括但不限于产品规划、商务政策、组织机构、人员三定、薪酬体系等；

2. 10月25日前，集团公司下达经营目标；

3. 11月15日前，各公司上报工作目标分解及部门工作计划（含KPI指标、具体行动方案等）；

4. 11月30日前，各公司上报201×年度预算草案；

5. 12月15日前，集团公司预算审核、平衡、调整及组织预算答辩；

6. 12月31日前，集团公司审批下发201×年度预算书。

03
全面预算管理的编制

第一节　下达目标——让公司的目标体系合理有效

一、公司战略规划的四大利器

预算编制的起点是目标,对公司而言起点是年度目标,对部门而言就是分解得到的部门目标。而目标又是公司战略规划的明细化和具体化,所以,全面预算管理的源头来自于公司的战略规划,全面预算管理是公司战略执行的桥梁和落地的工具。那么,如何制定合理有效的战略规划呢?下面介绍战略规划环节常用的4种工具和方法。

(一)战略地图

战略描述的是一家企业如何为股东创造持续的价值,战略地图是最佳的描述工具,它为战略规划提供了可视化的架构和路径(见图3-1)。战略地图包括4个层面:财务层面、客户层面、内部流程层面、学习与成长层面。4个层面的目标通过因果关系联系在一起:财务成果的实现取决于目标客户的满意;内部运作流程的优化为财务成果和客户满意提供行动上的支持和保障;行动是否合理有效取决于个人和组织的能力,即学习与成长为战略提供了基础。

1.财务层面表明了公司战略实施和执行的最终结果,也揭示了达成目标的两种策略:增长策略和效率策略。

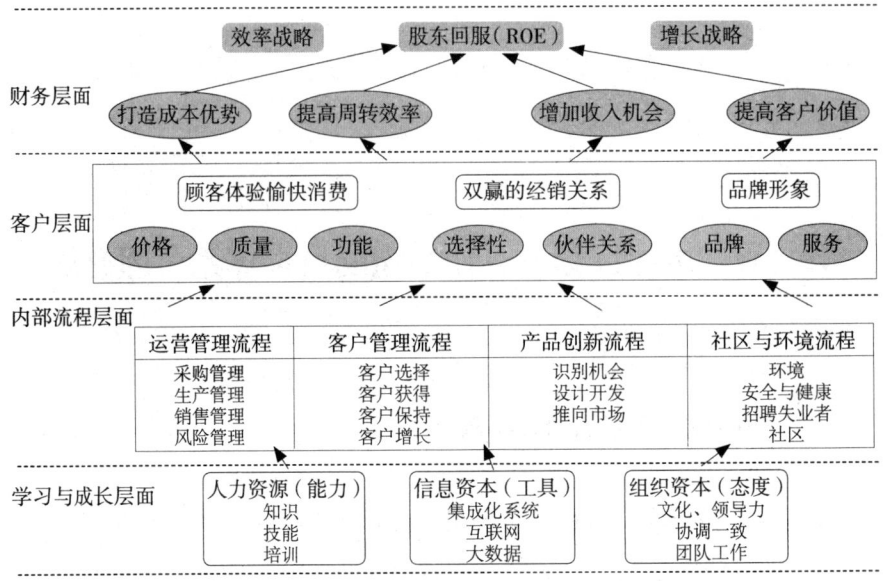

图 3-1 战略地图模板

2.客户层面反映了公司的目标细分客户和业绩衡量指标,如客户满意度、客户获得率、客户保持率、客户增长率、市场份额等。

3.内部流程层面通过流程改善和效率提升,实现前两个战略要素:满足客户价值主张、实现财务成果。内部运作流程又分为四组:运营管理流程、客户管理流程、产品创新流程、社区与环境流程。

4.学习与成长层面说明了无形资产是持续价值创造的源泉和行动保证,学习与成长目标描述了如何将人力、技术和组织结合起来支持战略。

5.4个层面的目标成为一条因果关系链,通过能力的提升,改善流程业绩,满足客户需求,驱动股东成功。

战略地图的4个层面,通过20~30个相互关联的平衡积分卡指标的转化、细化和量化,再与预算管理的编制、执行和考评衔接,让战略的实施和落地有了清晰的路径和桥梁,从而将战略逐级传达给员工,并帮助他们理解战略、支持战略,将高层的战略转化为基层的具体行动(见图3-2)。

战略地图			平衡积分卡		行动计划	预算
类别	战略地图	目标	指标	指标值		
财务层面						
客户层面						
内部流程层面						
学习成长层面						

图 3-2 战略实施和落地的路径

案例 3-1

战略地图让战略深入每个员工的日常工作

美孚石油公司刚开始实施战略地图的时候，卡车司机认为战略和他们这些一线员工没有任何关系，那都是公司高管的事情，他们的工作就是把石油和天然气运送到各个加油站。

公司管理人员通过战略地图向卡车司机解释，他们会如何对内部流程的指标产生影响。如果他们能够始终保持安全驾驶，避免事故，就可以提升内部流程 4 个指标的绩效：低成本、安全可靠、准时交货、良好的企业形象。如果他们能够按预定路线驾驶，就可以保持低成本，并确保按计划到达。司机们很容易就理解了这些影响，但是他们仍然怀疑客户层面的指标和他们有什么关系。管理人员接下来解释了公司和经销商的双赢关系，并且要求司机在送货时把经销商当作重要的客户来对待。他还解释了新的市场细分战略和对每个加油站的评价计划，并指出，如果司机能够准时正确送货，保证经销商不断货，那么他们就对供货方面"完美的购买体验"做出了贡献。另外，司机也要学习"完美的购买体验"的其他贡献因素，尽管他们不能控制这些因素。

> 不久，人们发现一些卡车司机在为加油站送货后开始打电话给公司："你们最好派一个人来这个加油站看一看。美孚的招牌都破了，一半以上的灯都坏了，厕所也很脏。""便利店的面包有些过期了，而且一直有缺货现象。""这里的员工对客户大喊大叫。"所有这些都不符合美孚"提供快速和友好服务"的新战略。
>
> 这完全超出了高管团队的意料。卡车司机在没有任何人要求的情况下，完全出于自动自发，变成了公司一线市场调查和监督的重要组成部分。尽管他们不能控制购买体验，但是他们可以间接地影响，只要他们知道并理解其重要性。

因此，通过战略地图对战略的清晰描述和坦诚沟通，可以将公司战略传递到一线员工，并使他们完全理解战略。如此，员工就会在实际工作中积极思考，努力创新，帮助公司实现战略。

总而言之，设计和运用战略地图的价值体现在三个方面：一是清晰描述企业战略并通过沟通达成共识；二是通过平衡积分卡和预算管理，将战略转化为行动，让战略落地；三是整合人力、信息和组织这些无形资产，通过改善内部运作流程，保障财务目标实现和满足客户差异化需求。

（二）SWOT分析

SWOT分析，即将与研究对象密切相关的各种主要的内部优势、劣势和外部机会、威胁，通过调查列举出来，并依照矩阵形式排列，然后用系统分析的思想，把各种因素相互匹配起来加以分析，从中得出一系列结论（见图3-3）。优劣势分析主要着眼于企业自身的实力及其与竞争对手的比较，机会和威胁分析将注意力放在外部环境的变化及对企业可能的影响上。SWOT分析常常用于制定公司战略和分析竞争对手情况。

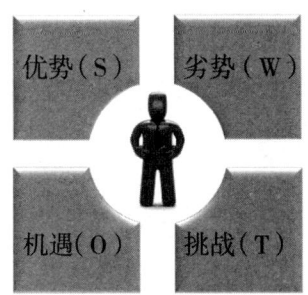

图 3-3 SWOT 分析示意图

SWOT 分析的一般步骤如下：

1. 公司内外部环境因素分析；

2. 构造 SWOT 矩阵；

3. 制订行动计划。

制定战略时如何灵活运用 SWOT 分析？可以参考五张幻灯片法。

第一张 PPT：公司所处的"竞技场"。

1. 我们的竞争对手是谁？

2. 他们的市场份额有多大？

3. 他们的优势、劣势是什么？

4. 他们的内部运作状况如何？

第二张 PPT：竞争对手过去一年的业务活动。

1. 各个竞争对手在市场上有哪些重大举措？

2. 是否有关键人才引进或重大组织变革？

3. 是否有重大的新产品、新技术、新渠道？

4. 行业内是否出现新的竞争者？业务如何？

第三张 PPT：我们自身过去一年的业务活动。

1. 我们去年在市场格局上有哪些重大举措？

2. 是否有关键人才引进或重大组织变革？

3.是否有重大的新产品、新技术、新渠道?

第四张 PPT:对于外部环境,我们最担心的是什么?

1.竞争对手会不会推出某个新产品?

2.会不会出现改变市场格局的重大事件?

3.是否会有杀伤力强的黑马杀入本行业?

第五张 PPT:分析我们自身的优势和劣势。

1.为了改变和主导市场,我们的优势在哪儿?

2.为了提高市场竞争力,哪些方面要提升?

3.为了实现战略,有哪些障碍要克服,如何克服?

(三)波特五力分析模型

迈克尔·波特是当今全球战略管理的权威,也是商业界公认的"竞争战略之父"。迈克尔·波特认为:在任何产业里,无论是在国内还是在国外,无论是生产一种产品还是提供一项服务,竞争都来自于 5 个方面:新竞争者的进入、替代品的威胁、买方的讨价还价能力、供方的讨价还价能力和现有竞争者之间的竞争。整个行业的竞争态势取决于这 5 种行业竞争结构要素的相互作用关系(见图 3-4)。

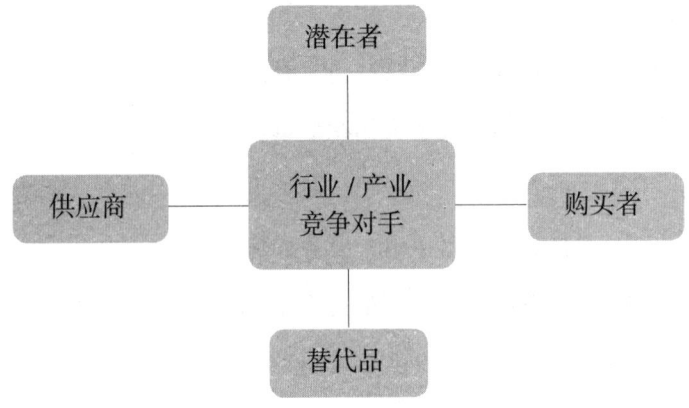

图 3-4 波特五力竞争模型示意图

1. 供应商的讨价还价能力。

* 供应商所在行业的集中化程度；

* 供应商产品的标准化程度；

* 供应商提供的产品在企业整体产品成本中的比例；

* 供应商提供的产品对企业生产流程的重要性；

* 供应商提供的产品对企业产品质量的影响；

* 企业原材料采购的转换成本；

* 供应商前向一体化（收购下游企业）的可行性。

2. 购买者的讨价还价能力。

* 集体购买；

* 产品的标准化程度；

* 购买者对产品质量的敏感性；

* 替代品的替代程度；

* 大批量购买的普遍性；

* 产品在购买者成本中占的比例；

* 购买者后向一体化的可行性。

3. 潜在进入者的进入能力。

* 进入这个行业的成本或资本（市场壁垒）高低；

* 我们的产品是否有很大的差异性；

* 取得销售渠道是否困难（受限于规模经济、自然资源等）；

* 行业盈利状况；

* 行业发展前景。

4. 替代产品的替代能力。

* 替代品的盈利能力；

* 购买者的转换成本；

*与我们产品用途相近似的产品是否有很多;

*其他和我们产品有相同功能的产品的成本高低;

*生产和我们产品功能相同产品的企业在其他市场的获利情况。

5.现有竞争者之间的竞争。

*战略定位;

*竞争策略;

*技术实力;

*资金实力;

*人力资源实力;

*行业品牌集中度。

实际上,关于波特五力分析模型的实践运用一直存在许多争论。较为一致的看法是,由于波特竞争模型对获取竞争信息的要求较高,所以它更多是一种理论思考工具,而非可以实际操作的战略工具。

波特五力分析模型的突出作用在于,五种竞争力量的抗争中蕴含着三类成功的战略思想,那就是大家熟知的:成本最低战略、产品领先战略和客户优先战略。

成本最低战略要求企业必须建立起规模化、高效率的生产设施,全力以赴地降低产研、供应、营销、销售及服务等各方面的费用。为实现这些目标,企业管理者要高度重视成本控制,保证自己的总成本低于竞争对手。要想获得总成本最低的优势,企业通常需要具有较高的市场份额或其他优势(如与原材料供应商具有良好的关系)。一旦企业获得了成本最低优势,其获得的较高利润又可以使企业对新设备进行再投资,来维护其在成本上的领先地位。这种再投资是企业长期保持成本优势的重要条件。

产品领先战略(专业化战略)即企业聚焦某个特殊的目标群体、某个细分产品线或某一细分区域,为其提供产品与服务。企业采取低成本或差异化战略，目的都是要在更广阔的行业范围内竞争。而专业化战略却是围绕"如何为特殊目标群体提供专业、专注、专一的产品或服务"建立的。采取专业化战略基于这样的思想前提，专业化能够使企业以更高效率、更好的效果为某一细分客户群体服务，从而超过在较广范围内经营的竞争对手。但采取专业化战略也意味着企业要放弃一部分市场——获取高利润率必定以牺牲客户数量为代价。

客户优先战略（差异化战略）主要是以消费者为中心，保证企业提供的产品或服务具有差异化，在消费者心目中建立起与竞争对手与众不同的形象。如通过建立高端品牌形象，或保持技术、性能、渠道布局、客户服务、客户体验及其他方面的差异化，满足客户的个性化需求和个性化体验，换来客户的忠诚度。

案例 3-2

如何做到公司战略和预算编制无缝连接

假设一家公司在做下一年度预算的时候，在培训预算上面临三种选择：一是全面质量管理（TQM）培训项目，二是客户关系管理（CRM）项目，三是产品信息管理（PDM）项目。请问，哪个项目可以对该企业创造最大价值呢？

很明显，这个问题的答案有赖于公司的战略。

实行总成本最低战略的公司必须擅长内部运营流程，如沃尔玛、戴尔、麦当劳、富士康、丰田等一些传统企业，他们需要从 TQM 培训中得到更高价值。

实行客户优先战略的公司最重视他们的客户管理流程，如 IBM、高盛、宝马及一些互联网企业，他们投资 CRM 培训项目将得到更大的回报。

实行产品领先战略的公司必将强调卓越的创新流程,如英特尔、苹果、格力等一些高新技术企业,他们选择 PDM 项目更符合公司战略的需求。

除了波特五力分析模型可以连接战略和预算,战略地图在这方面的作用也十分突出。一家公司生产的产品被用于飞机引擎、动力装备和导弹。公司经营班子绘制出公司的战略地图之后,发现生产流程的最前端是减少重复工作和提高产品质量的一个主要机会,这个流程上的铸件装配工,对于减少重复工作和缩短交货周期有极大的影响。公司于是立即调整培训预算,将有限的培训经费用于这些一线操作员工。

(四)波士顿矩阵

波士顿矩阵认为,决定产品结构的基本因素有两个:市场引力与企业实力。市场引力包括企业销售量(额)增长率、竞争对手强弱及利润高低等。其中最主要的是反映市场引力的综合指标——销售增长率,这是决定企业产品结构是否合理的外在因素。企业实力包括市场占有率,技术、设备、资金利用能力等。其中市场占有率是决定企业产品结构的内在要素,它直接显示出企业竞争实力。销售增长率与市场占有率既相互影响,又互为条件:市场引力大,市场占有率高,可以显示产品发展的良好前景,企业也具备相应的适应能力,实力较强。如果只是市场引力大,而没有相应的高市场占有率,说明企业尚无足够实力,该种产品也无法顺利发展。相反,企业实力强而市场引力小的产品,市场前景一般也不佳。

通过以上两个因素相互作用,会出现 4 种不同性质的产品类型(见图 3-5),形成不同的产品发展前景。

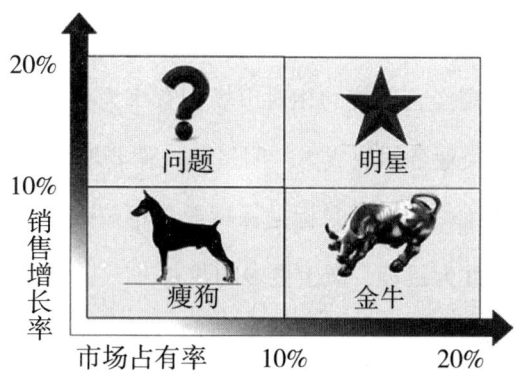

图 3-5　波士顿矩阵

1. 销售增长率和市场占有率"双高"的产品群（明星类产品）。

这类产品既有发展潜力，又具有竞争力，是高速成长市场中的领先者，处于生命周期中的成长期。应该重点发展这类产品，可采取追加投资、扩大业务的策略。

2. 销售增长率和市场占有率"双低"的产品群（瘦狗类产品）。

这类产品可能处于生命周期中的成熟期或衰退期，市场竞争激烈，自身获利能力差，不能成为利润源泉。如果产品能够经营并维持，则应缩小经营范围；如果亏损难以为继，则应采取措施，进行整合或放弃。

3. 销售增长率高，但是市场占有率低的产品群（问题类产品）。

这类产品的销售增长率较高，需要企业投入大量资金予以支持，但市场占有率相对不高，不能给企业带来较高的资金回报。这类产品有行业发展潜力，要深入分析企业是否具有发展潜力和竞争力优势，再决定是否追加投资、扩大市场份额。

4. 销售增长率低，但是市场占有率高的产品群（金牛类产品）。

这类产品可能处于生命周期中的成熟期，若生产规模较大，能够带来大量稳定的现金收益。建议维持其稳定生产，不再追加投资，以便尽可能地回收资金，获取利润。

综上，针对不同的产品或业务组合，有 4 种不同的应对策略。

1. 发展。以提高经营单位的相对市场占有率为目标，甚至不惜放弃短期收益。要使问题类业务尽快成为"明星"，就要增加资金投入。

2. 保持。投资维持现状，目标是保持业务单位现有的市场份额。较大的"金牛"可以以此为目标，产生更多的收益。

3. 收割。这种战略主要是为了获得短期收益，目标是在短期内尽可能得到最多的现金收入。对处境不佳的金牛类业务及没有发展前途的问题类业务、瘦狗类业务，应视具体情况采取这种策略。

4. 放弃。目标在于清理和撤销某些业务，减轻负担，以便将有限的资源用于效益较高的业务。这种战略适用于无利可图的瘦狗类业务和问题类业务。

二、预算目标形成的三大策略

无论是否实施预算管理，任何企业在年初都会有预期的经营目标，如销售收入、利润等。制定合理有效的年度目标，几乎是所有企业面临的痛点和难点。本节重点介绍预算目标形成的三大策略：上策——新的预算考评法，中策——分类目标引导法，下策——讨价还价谈判法。

（一）新的预算考评法

杰克·韦尔奇在他的自传中说道："不夸张地说，在许多公司里，制定预算的程序乃是经营中最缺乏效率的环节。它吞噬了人们的精力、时间、乐趣和组织的梦想，遮蔽了机遇，阻碍了增长，产生了企业组织中最没有生产效率的行为，人们相互敲诈，或者满足于中庸。"之前他也曾经恶狠狠地猛烈抨击过预算管理："预算是美国公司的祸根，它根本不应该存在。

制定预算就等于追求最低绩效。你永远只能得到员工最低水平的贡献，因为每个人都在讨价还价，争取制定最低指标！"

乍一看，杰克·韦尔奇对预算深恶痛绝，想置预算管理于死地，其实不然。正是因为杰克·韦尔奇从根本上解决了传统预算在目标制定环节的讨价还价行为，预算管理从此重获新生，西方企业质疑预算管理的声音才逐渐偃旗息鼓。

在描述正确的预算考评办法之前，我们先来看两种常见的错误做法，即"谈判式解决"和"虚伪的笑容"。

在这两种错误中，"谈判式解决"的做法更为常见。

身处业务一线的部门开始拟定第二年的预算草案，在这一过程中，业务部门的人隐含了一个秘而不宣的目标，那就是最小化自己的风险，最大化自己的红包。也就是说，他们提出的都是他们认为自己绝对有把握完成的目标。结果是，他们在制定预算时将满怀保守的态度。

然而，在总部方面，企业高层管理者的计划出发点却与业务一线的人相反。这些高层会因为收入的增长而受到奖励，所以，他们希望在预算审查会议上看到的是，每个子公司的销售额和利润都能大幅度增长。

于是，在预算答辩会上，业务部门会找到各种理由，表明自己所在的产业的经营环境将变得更加困难，需要更大的投入才能保证微薄的获得增长。

而总部认为局势并没有业务部门说的那么严峻，只需要投入业务部门要求预算的一半金额，就能保证收入有较大幅度的增长。

最终，预算答辩会变成一场马拉松式的激烈的讨价还价，并以上下双方各让一步而结束。

在这场风险最小化运动的游戏中，人们很少提及哪些重要事情需要去做、如何去做的问题，甚至根本没有进行认真讨论。没有人围绕目标去找业务路径和资源路径，全部精力都聚焦在讨价还价上了。

同样，在"虚伪的笑容"这样的预算考评办法里，业务部门的人也要花几个星期的时间来准备详细的预算方案。与前一种办法相比，这个办法更令人遗憾的一点是，它所制订出来的计划经常充满了很好的创意和激动人心的机会——在业务部门工作的人对于自己的事业产生了大胆的梦想，例如发动一次收购、开发新的产品等——但是需要足够数量的投资。他们急于拓展自己的经营领域，迫切需要来自总部的支援。

然而，在此之前，总部已经知道自己将如何分配公司的投资，他们也非常清楚从每个部门可以获得多少收入和利润。因为他们相信，这些决策权力是属于总部的，高层管理者能够看到全局，能把握先后次序，恰当地分配资源。

所以，业务部门最终分得的预算可能比自己预期的少很多。他们可能会失去对公司的责任心，忘记自己当初制定经营规划时的热情，最后只是一心算计如何从公司搞钱、花钱。

错误的预算考评办法中，80%的企业是谈判式解决，20%的企业属于虚伪的笑容。其实虚伪的笑容是谈判式解决的一种变形，并且比谈判式解决更加恶劣。

下面来看颠覆传统的预算办法——强调运营计划、改变考核思路。

设想一种新的预算体制，它能让业务部门和总部建立共同的目标——利用预算程序来发现所有可能的业务增长机会，分析经营环境真正的障碍，制定一个目标远大的规划。这种新的预算体制不聚焦于组织内的争斗，也不是瞄准虚构的目标，而是打开窗户，关注外面的世界。

我们应关注如下两个问题：

1. 如何超越去年的业绩？

2. 竞争对手在做什么？如何战胜他们？

如果把注意力放在这两个问题上，那么预算程序就能变成业务部门与总部之间的对话，他们将共同关心现实世界的机遇与困难，话题将变得更加广阔，任何事情都有可能。

在他们的对话中，双方将共同确立一个增长目标，那不是谈判，也不是强迫，甚至都不能被称为"预算"。那其实是一个关于明年工作的运营计划——充满了创意和灵感，确立了大方向——而作为目标的数字也是双方共同认可的，或者说，那是一个所谓反映"最大努力"的目标数字。

与传统的预算不同，运营计划的目标数字是通过具体分析得出的，也能随环境的变化而调整。一个业务部门或产业可以在一年时间里制订两三个运营计划，随时根据商业挑战的现实情况通过对话来调整。这种灵活性可以把企业组织从预算的文牍主义镣铐中解放出来，因为随着市场环境的变化，原来的预算将变得过时，甚至毫无意义。

此时，你或许会想："是啊，这套办法听起来还不错，但我的红包该如何发放呢？"

这是个很好的问题，而且是关键的问题。答案是，只有满足下面的条件，运营计划才能充分发挥作用：对于个人和部门的奖励，并不是根据实际业绩与预算目标的对比来决定的，主要是通过实际业绩与以前的业绩及竞争环境的对比来决定的，并把现实的战略机会和困难等因素考虑进来。

案例 3-3

公司有一个做工程车辆板块的事业部，2008 年金融危机，这个板块亏损 2000 万元。问题来了，2009 年的预算目标该怎么定呢？定目标的时候，子公司总经理说："我们今年亏了 2000 万元，预计明年的形势更加不乐观，因为金融危机才刚刚开始……"接下来他重点强调了障碍、困难和其他不利因素，最后的结论是，明年能保证亏损不超出 2000 万元就已经非常乐观了。他建议将 2009 年的利润目标定为负 2000 万元。

集团公司总部对此也有自己的看法。董事长说："今年一年你们就给股东造成了 2000 万元的损失，明年还要这么继续亏损下去吗？我们如何向股东交代？"子公司总经理说："那也没办法，行业环境就是这样。"董事长一生气，直接下命令："绝不允许继续亏损下去，当然要盈利确实有困难。这样，明年的利润指标定为 0，不盈不亏。另外，增加一项激励政策，明年若产生利润，超额利润的 50% 奖励给你们经营班子，总经理拿 60%，其余 40% 任你们分配。"

2009 年国家为了应对金融危机，出台了一个 4 万亿的经济拉动计划。房地产行业一下子起来了，工程车辆销售也打了一个翻身仗。到年底，这家子公司完成利润 3000 万元。

麻烦来了，奖励经营班子 1500 万元吗？如果你是股东、董事长，尽管说不出哪里有问题，也会心有不甘吧？但是如果不按绩效合同来兑现，子公司总经理有话要说了："2008 年形势不好，你们就按照合同来考核我们；2009 年我们完成业绩指标了，这个合同又不算数了，还有没有一点契约精神啊？"

当时我的第一感觉是，这家公司之所以超额完成目标，是因为 4 万亿的拉动计划，也就是天上掉馅饼了。但是如何证明及说服他们呢？

> 后来我想到和行业做一个对比。通过信息中介很容易拿到行业数据，因为每一辆车都要在车管所上牌的。对行业数据略做分析，情况立即豁然开朗。我们 2009 年销售收入增长了 40%，但是行业里的竞争对手增幅几乎都在 50% 以上，好几家的增幅翻了一倍以上。也就是说，一年下来，我们被竞争对手越甩越远了，这就是他们努力的结果吗？我再拿公司 2007 年、2008 年、2009 年三年的行动方案逐一对比，发现几乎就是简单的复制、粘贴，如何开拓市场、推广渠道、维护客户，如何做广告投放、业务宣传、促销活动，如何提升业务人员能力、激发业务人员活力等了无新意，都是沿袭之前的做法。
>
> 在这两个铁的事实面前，子公司总经理无话可说了。考虑到头一回把兑现绩效业绩放到行业里去对比，他们一下子难以接受这个改变，而且没有功劳也有苦劳，1500 万元的奖励预案最终改为 150 万元。

错误的预算考评办法转变为新的预算考评办法，关键是要有一个根本性的改变——将实际业绩跟去年业绩和行业业绩进行对比，而不是和预算目标进行对比。

这种方法的局限性在于，行业对比数据很难取到；有些企业当年和前一年的业绩，因口径不一致，也存在不可比现象；有的业务部门意识到自己的业绩在行业数据的对比下非常差时，便以取不到数据为挡箭牌。当然，只要企业认识到原方法的弊端，下定决心要改变，就一定有方法、有套路搜集到行业数据，比如，可以通过行业协会、上市公司、信息中介、公司网站、公众号等渠道。再给大家一个建议：预算产出类目标（销售收入、利润），尽量不要跟绩效考核挂钩，考核预算产出类目标，要和去年业绩及行业业绩进行比较。

案例 3-4

快牛为何不快跑？慢牛为何更慢跑？

某公司实行预算管理以来，发现下属子公司存在两种比较奇怪的现象：到了每年 10 月或 11 月，有些子公司已超额完成预算，有些子公司只完成预算的 60%。但是这两种公司都放慢了销售进度，有意识地将订单推迟到明年，同时放松了费用控制。问题出在哪里？建议如何解决？

在传统的预算目标和绩效管理挂钩的企业，这种现象一定存在。前一种企业怕鞭打快牛，明年乃至今后的任务基数越来越高；后一种企业选择破罐破摔，为明年乃至今后压低基数，轻装上阵。

但是在割裂预算目标与绩效红包的企业，这种现象就失去了存在的土壤。如果我们不把实际业绩与预算目标比较，而是与去年业绩和行业业绩比较，他们还会这样干吗？显然再也不会了。

到了每年 10 月或者 11 月，有些公司已经超额完成预算了，比如说去年实际利润是 1000 万元，预算目标定为 1100 万元，这些公司现在已经完成了 1100 万元。假设总经理去年年薪 50 万元，年薪按照利润增长比例同比增长。如果公司开始停滞不前，利润和去年同比增长 10%，那么今年他的年薪将为 55 万元，明年的年薪也将从 55 万元起步。如果年底竞争对手利润增长 20%，55 万元的年薪还将打折。好，这家公司选择继续往前飞奔，最终利润和去年同期相比增长 50%，达到 1500 万元。此时总经理可以拿到 75 万元的年薪，明年的年薪也将从 75 万元起步。在与行业增长 20% 对比以后，75 万元的年薪还将上涨，甚至可能达到 100 万元。

再来看破罐破摔的情况。他只完成预算的 60% 就开始停滞不前了，结果年薪打 6 折变成了 30 万元，明年的年薪也将从 30 万元起步。再

> 结合年底竞争对手利润增长20%的因素，30万元的年薪还将继续打折。他如果选择继续努力，最终完成去年业绩的80%，年薪就变成了40万元，明年的年薪也将从40万元起步。当然进一步考虑竞争对手的情况后，40万元还将有所打折。

因此，这种新的预算考评方法从根本上解决了目标制定环节的讨价还价现象，根治了追求最低指标和最低绩效的顽疾，破除了鞭打快牛和破罐破摔的陋习。

（二）分类目标引导法

如果暂时不能采用上述新的预算考评方法，推荐尝试分类目标引导法。这是一种变通的方法，也可以减少讨价还价，提高目标制定的效率。这个方法根据目标的可实现程度，将其分为三类（见图3-6）。

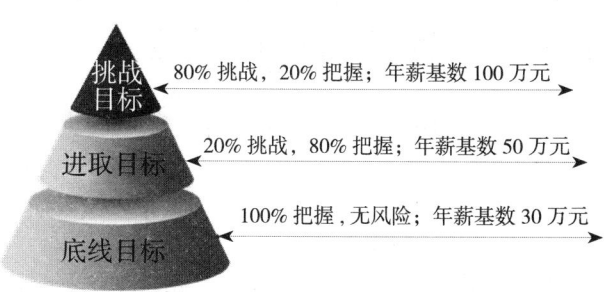

图3-6 三类目标，三种导向

1. 底线目标。只要按照去年的方法，基本上就能实现的目标。年薪基数比较低。

2. 进取目标。沿用去年的方法，预计可以完成目标的80%，还有20%需要在方法上有所补充或改善。年薪基数相应提高。

3. 挑战目标。沿用去年的方法，预计只能完成目标的20%，还有80%必须在思路、方法、措施上有创新、有突破。年薪基数会大幅度提高。

分类目标引导法很大程度上避免了讨价还价现象,走出了最低指标和最低绩效的阴影,大部分人都会自动自发地选择进取目标或挑战目标。

分类目标引导法实践中如何应用?可以参考图3-7。

三类目标,三种导向			
实际完成数	年底目标1000万元 对应的经营者年薪	进取目标1200万元 对应的经营者年薪	挑战目标2000万元 对应的经营者年薪
800	20+8=28万元	20+0=20万元	20+0=20万元
1000	20+10=30万元	20+17=37万元	20+0=20万元
1200	20+12=32万元	20+20=40万元	20+0=20万元
1500	20+15=35万元	20+25=45万元	20+37=57万元
2000	20+20=40万元	20+33=53万元	20+50=70万元
2500	20+25=45万元	20+42=62万元	20+62=82万元
1.三类目标对应的年薪基数分别为30万元、40万元、70万元,底薪20万元			
2.三类目标对应的年薪中效益薪否决指标为800万元、1000万元、1500万元			
3.三类目标对应的年薪中的效益薪按完成利润指标的比例同比计算发放			

图3-7 分类引导法的应用

针对图3-7,给大家的建议是:

1.底线目标可以参考去年实际完成数,考虑自然增长量。在去年实际完成数的基础上要求以增长5%~10%作为底线目标,在底线目标的基础上以增长20%以上作为进取目标,在底线目标的基础上以翻一番以上作为挑战目标。

2.三类目标对应的年薪基数要有阶梯性,三类目标的底薪是一致的。

3.三类目标必须设定相应的效益年薪否决指标,并呈现阶梯性上涨。

4.三类目标对应的效益年薪按各自目标的完成比例同比计算发放。

选择分类目标引导法来制定预算目标,作为总经理,还需要长一个心眼：选择挑战目标的人。这样的人一般都是企业的能人和栋梁之才，他们敢想敢闯敢干，支持并推动企业超常规发展，但是一旦对他们管理不力、放任自流，也会造成难以收拾的破坏性局面。因为一旦选择了挑战目标，他们会希望公司在资源投入上全力以赴地给予支持，希望应收账款的信用额度高一点、信用期限长一点、产成品库存多备一点、价格最好降几个点、各项销售费用投入多一点、人员编制再增加一些、新产品多开发几个……结果，所有资源投入都到位了，销售收入、利润指标和预算比较却差了一大截。

针对这个担忧，总经理的应对策略建议如下：

第一，激励选择挑战目标的预算责任人。他们是公司的希望和未来，把他们的业绩登记备案，作为其职务晋升和工资晋级及培养培训的重要依据。

第二，要想实现挑战目标，必须在经营思路和管理措施上有创新、有突破。同时对他们的行动方案进行评审论证，并共同参与讨论，提供管理建议。

第三，经过几轮的评审论证，不断地修订、补充和完善行动方案，该方案应能基本保证挑战目标的实现。否则在资源投入上就要慎重考虑，预防投入到位了但产出与目标差距甚远的情况出现。

第四，资源投入可按季度（月度）进行节点控制。一季度资源投入可以全部到位，季度终了，要求业务团队评估投入产出效率，找出纠偏措施和改进方案，视情况调整下一季度的资源投入，一旦产出（销售收入和利润）跟不上，投入必须及时刹车。

第五，企业必须在鼓励大胆创新、敢想敢干上多下功夫，建立机制，否则，挑战目标无法实现，进取目标也难以保障。重新定义创新，让企业的每个员工深入参与其中。不要把创新定义为重大的、颠覆性的突破，这样的标准太高了。创新可以是循序渐进的、持续不断的改进，它可以是工作流程的优化、工作效率的提升、工作方法的改善。可以说，创新是预算管理的本质要求。

（三）讨价还价谈判法

目前，国内 80% 以上的企业都在使用讨价还价谈判法制定预算目标。

讨价还价谈判法即预算博弈，其原理是这样的：上面肯定加码，所以下面得往低报；因为下面故意低报，所以上面只能加码，从而陷入恶性循环。

预算博弈的最大危害就是，追求最低指标和最低绩效！

当然，预算博弈也不是一无是处，否则这种方法怎么会有那么多的企业采纳呢？首先是简单，便于应用；其次是沟通，让信息趋于对称。上下级之间经过反复讨价还价，上级逐渐了解了下级的运行环境和运作情况，传递压力的同时，可以有针对性地提供资源支持和管理建议，也便于执行过程中的监控；下级逐渐理解和认同上级的目标与要求，也会尝试着从上级的角度重新审视运行环境和运作情况，做到更加理性、客观、全面。

很多企业预算博弈的目的就是上下级达成预算目标的共识，这是远远不够的，必须往前再走一大步：会议上半场讨价还价结束了，下半场的主题是聚焦下级提出的各种困难、挑战、障碍，双方就如何克服这些问题找方法、找措施，展开头脑风暴，创新行动方案，配置相应资源。

三、预算目标制定的两种流程

目标制定有自上而下和自下而上两种流程，自上而下是以董事会为主导下达目标给管理层去论证、反馈，自下而上是管理层发挥主观能动性，自我设定目标报董事会平衡、审批（见图 3-8）。

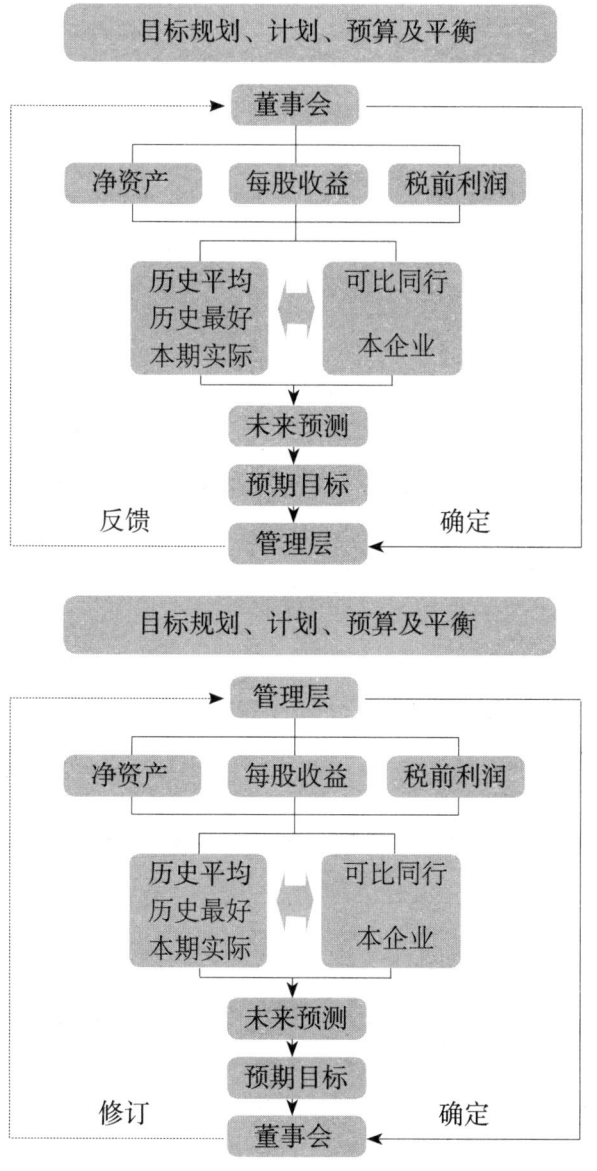

图 3-8 目标制定流程

两种流程除了起点不一样,中间过程基本一致,至于哪一种更好,其实差别不大,取决于董事会和管理层的偏好。

自下而上的流程对董事会而言可能有一点好处,管理层上报的预算方案如果正好符合董事会的预期，可以不做任何修改，直接审批下发。预算目标就是管理层自我承诺要实现的目标，既然承诺了，管理层就会主动承担责任。

企业不同，预算目标可能也不一样。一般企业都会把销售收入或利润（税前利润/净利润）作为主要预算目标，上市公司会补充另一个指标——每股收益，国有企业则会将净资产保值增值指标放进来。

预算目标值如何设定？

* 一项要求：目标的制定一定要建立在资源和信息的综合平衡基础上，深入分析机遇和风险、优势和劣势等，并且相关部门和相关人员应共同参与，充分讨论，达成共识。

* 两个维度：一方面跟自己的历史数据做对比分析，包括本年实际、历史平均、历史最好等，另一方面跟行业数据进行比较分析，包括行业平均、行业先进等。

* 三大原则：一是股东期望原则。预算目标必须符合股东对投资回报的需求，预算方案最终要报经股东会审批。二是充分挖潜原则。预算目标必须有一定的挑战性，用上年同样的方法最多只能完成80%，其余部分必须靠行动方案的改善和创新来实现。三是市场原则。要符合市场客观需求，以市场预测为基础，包括产品市场、物料市场、劳务市场和资本市场等。

第二节　分解目标——让每个人自动自发达成目标

公司层面的组织目标一般是营业收入目标和利润目标，如何将这一目标在各个业务单元、各个职能部门分解落实？

一、分解目标的惊人效应

案例 3-5

公司产品的零部件基本上都是进口的，有一年，采购总监参加了一次全国性的大型行业展览会，发现我们产品的一个主要零部件实现了国产化，就把这个零部件带回来交给研发总监，希望技术部门研究一下是否可以替换昂贵的进口件。没想到研发总监根本就没把它当回事：这个东西哪里来的？技术可靠吗？质量稳定吗？工艺成熟吗？哪儿拿来的，你放回哪儿去吧！

第二年公司实行预算管理了，给了研发部门一个降本指标：要求研发部门在预算年度降低产品成本 2000 万元，超过 2000 万元的部分按 10% 给研发部门计提奖励，其中研发总监个人占 60%，其余 40% 由研发总监在部门内部进行分配。研发总监二话没说，立即跑去找采购总监问：" 上次那个零部件还在吗？"

经过产品测绘和技术论证，证实那个零部件可以替换进口件。研发总监又来财务部门询问，这一物料变更按照当时的销售情况可以降低多少成本，财务测算大约能降低成本 1000 万元。研发总监临走前表示，希望财务部门从产品成本核算和成本分析的角度，帮他们梳理一下研发降成本的思路和方向。

你看，各部门有了分解目标，顿时就有了动力，就会自动自发地围绕目标找方法、找措施，激发团队的活力和创新，直到完成目标。一个人在动力机制驱动下，潜能就被充分调动起来了。

二、分解目标的思考维度

将公司目标分解到各业务单元、各职能部门的时候，需要注意以下 5 个方面：

1. 千斤重担众人挑，人人头上有指标；
2. 按职能部门和业务单元分解；
3. 全部分解，不留死角；
4. 横向到边，纵向到底；
5. 分项目标之和适当高于年度目标。

注意，在目标分解的过程中，不要把分解当作简单的分拆。假设有 1 个亿的销售收入目标，你下面有 5 个销售经理，每个人分 2000 万元，感觉完不成任务，那就加码，每人加 10%，2000 万变成 2200 万。再往下到了大区，大区经理一看，我拿了 2200 万元，再往下分吧，我有 10 个业务员，每人分 220 万，感觉完成不成任务，再加码，加 10%……这是不对的。

分解是什么？假设要做到 1 个亿，那它前面的动作是什么？前面里程碑式的指标是什么？比如说客户数、客单价，或者某一关键转换率。再往下一层继续问，实现关键转换率、实现客户数的下一个指标是什么？……

分解公司的年度目标，首先需要根据预算单元的控制范围和责任对象，对预算单元进行分类，一般分为投资中心、利润中心、成本中心，不同的中心应当赋予不同的分解目标。成本中心一般只对成本负责，无须对利润目标和投资效率承担责任；利润中心既能控制成本又能控制收入，主要对利润目标负责；投资中心既能控制利润，还能决定资产的投入，所以不但对利润目标负责，还要对投资报酬率负责。

三、职能部门的目标体系

建立企业的目标及目标分解体系十分重要，这是预算编制流程的第一步。但是目标及目标分解体系的建立，非常依赖于对行业、企业的特点和运作方式及业务流程等有深入的了解和深刻的体验。预算目标体系不必追求"高大上"，更不要赶时髦，合适的才是最好的（见图3-9）。企业所处的行业千差万别，企业所处的发展阶段前后不一，企业的经营管理特点和风格迥异，企业的运作方式和业务流程独具特色，所以不可能有一套通用的预算目标体系。

状态	推荐指标
初创期	客户数量和销售收入的增长、新产品开发、营销投入等
成长期	客户及员工的满意度、利润、大客户开发、流程效率等
成熟期	收入、利润、成本控制、客户流失、流程效率、转型等
互联网	粉丝数量、会员转化率、重复消费率、用户满意度等
制造业	产能利用率、交货周期和及时率、成本控制、流程效率等
房地产	项目建设周期、建设成本、销售面积、单价、售罄率等

图3-9 预算目标设定提醒

为了达到抛砖引玉的效果，下面针对传统制造业如何建立预算目标及目标分解体系给大家做一个借鉴和参考。

1.公司级目标：销售收入目标、利润目标、净资产收益率指标、经营现金流指标、应收账款管理指标、存货管理指标、成本费用控制指标（费用占收入比）、产品竞争能力指标（产品毛利率）等。

2. 部门分解目标。

生产部门：生产产能、交货及时率、产品合格率、废品损失、材料利用率、设备利用率、安全生产、制造费用控制、劳动生产率、存货周转率等。

采购部门：采购降本指标、采购交货及时率、采购付款、承兑付款占比等。

人力资源部门：职工人数、工资总额、员工满意度等。

财务部门：资金筹集、现金流量、财务费用、各项税金、资本结构等。

仓储部门：存货周转率、存货积压、账实相符率等。

研发部门：新产品开发、研发降本指标、研发经费投入产出效率等。

销售部门：销售收入、应收账款、费用控制、价格管理、客户满意度等。

建议公司级和部门级的预算目标不要过多，否则太复杂，重点不突出。一般预算目标控制在3个以内，最多不超过5个。

综上所述，关于预算目标体系：第一，要分解而不是分拆。第二，业绩指标不宜过多，三五个足矣。第三，在业绩指标中，要明确什么是加分项，什么是减分项。比如要发奖金，肯定要有收入、有利润，因为这是奖金的来源，这是加分项。但是有些指标，更多是作为减分项来设计的，比如风险控制指标、费用控制指标等。第四，在预算目标分解过程中，必须广泛征求意见，加强沟通，力求相互理解，达成共识，注意运用"空白原则"和"拉近法则"。

第三节 编写计划——让工作计划承上启下

一、没有计划,预算只能是数字游戏

前文我们多次强调,预算是基于目标的——保障目标的顺利实现,预算是基于业务的——保障业务的资源需求。所以,没有目标,不要做预算;没有计划,不要做预算,否则,预算就是无源之水、无本之木。

可是有太多的企业,编制预算的时候,目标不明,没有计划,而是参考上年数据,在此基础上加加减减,预算就出来了,这是典型的数字游戏!比如说市场部制定了明年 1000 万元的广告费预算,但是这 1000 万元要干什么、怎么干、干完了要达到什么效果,都没有设定,这就等于公司告诉市场部,明年的任务就是把这 1000 万元的广告费花完。这样的话麻烦就大了,一个只管花钱,不管花钱效果的部门,最终会产生什么样的效益?!

案例 3-6

和一些培训机构聊天,他们说很多学员都希望培训机构把课程时间安排在周四和周五。为什么呢?一些学员明面上让办公室同事知道周四、周五他将出去参加培训,其实那两天他没去培训现场,周四到周日连休四天。还有的学员连续交了好几年的培训费,但是一次培训也没参加过,因为有这项预算嘛。

很多公司都会请老师去现场做内训或送员工去参加培训,总感觉钱花了但效果很一般,正因为仅仅是为了花完预算。那应该怎么做呢?至少要明确以下几点:

* 举办本次培训的目的是什么?准备解决什么问题?(目标)

* 如何组织好本次培训？（行动方案）

* 如何保证培训的效果？（行动方案）

* 如何将知识转成应用？（行动方案）

* 本次培训要花多少钱？（资源支持）

由此可见，在明确目标的基础上，重点是编写工作计划即行动方案（业务路径），再据此给予资源支持即预算（资源路径），这才是一个完整的过程，才能保证预算不会沦为一场数字游戏。其中，工作计划在目标和预算之间发挥着承上启下的关键作用。

一个具体的行动方案一般应当包括7个要素（见图3-10）：为达成某个目标，要做哪些事情？做到什么程度？由谁来做？何时完成？怎么去做？需要投入多少资源？风险如何控制？工作计划就按照这7个要素来制订。

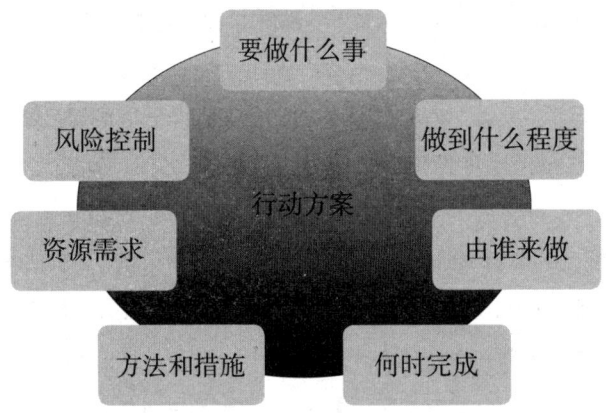

图3-10 行动方案七要素

二、既然计划赶不上变化，为什么还要编写计划

在推行预算管理的企业里，销售部门常常会对预算管理发出质疑，理由是市场变幻莫测，销售做不了预算。

在这一谬论下，企业的预算管理往往会经由如下轨迹走向失败。

市场总在变，销售预测不准。生产预算以销售预算为起点，采购预算又以生产预算为依据，一旦销售预测不准，生产预算、采购预算就跟着不准。因为产供销预算不准，导致预算和实际偏差太大，以致全面预算管理毫无成效。

企业里也有其他部门和销售部门一样，强调自己的特殊性和无法预测性，意思是预算管理在他们部门做不下去，并且也没必要做。

作为专业人士，销售人员有专业常识和精湛技能，有多年的市场经验和敏锐的市场感觉，凭借这些知识和经验，排除市场上的一些变化因素，会发现局势并不像想象中的那么吓人。

所以我们要求销售人员在观念上做一个重大调整：要把变化纳入计划，让一切尽在掌握。

* 接受变化，拥抱变化，适应变化；
* 扫描环境，发现变化，应对变化；
* 根据环境变化及时快速调整计划；
* 强调业务的判断能力及自主判断；
* 追求判断准确性而非预算精确性。

张瑞敏曾经说过："管理者需要完成的重要工作之一就是预测变化，规划未来。"要做到这一点，必须有洞察力和趋势分析能力。

彼得·德鲁克也教导我们："管理者五项基本职能中，计划能力是最重要的，排在组织、指挥、协调、控制等管理职能之首位。"

如果因为市场变化而放弃计划，影响的是销售额。所以，必须让销售人员认识到自身不足，提高市场掌控能力，以合理的计划指导销售活动。

正确看待计划赶不上变化后，应该怎么操作呢？建议如下：

第一，让最了解市场的人员来做销售预测。财务部门可以提供历史数据，但是不能进行销售预测。不要让销售借口说财务做的预算不切实际。

第二，财务配合业务部门，提供历史信息。这个产品之前的销量怎么样、盈利状况如何等，财务部门主动把这些历史信息提供给销售，让他们对市场前景去做预测。要定位准确，各司其职。

第三，通过培训掌握和灵活运用预测方法。如果销售说不会做预测，那么应对他们进行这方面的培训。

第四，考核预测质量，评价市场掌控能力。如果一个销售经理对市场的预测比较准确，那么他一定是卓越的销售经理。因为他对他管辖范围内的事情把握得很充分，能够及时捕捉市场的变化。对销售预测的质量进行考核，评价销售人员的市场掌控力，会促使他们去学习、去提高。这个预测质量考核应该怎么做呢？

1.销售人员进行预测时，除了给出数字，还要求给出预测的理由和依据。销售人员进行产品预测时，一般都会将销量和销售额按产品、区域、业务员等进行分类，仅仅这样做是不行的，因为这只是给出了一串数据，数据背后的理由呢？你要达到什么目的，你计划做哪些事情，如何去做，都要清楚。

2.对销售预测结果进行跟踪，与实际情况比对，并与绩效挂钩。比如说每个月或每个季度开一次销售分析会，要求他们对预测的数据和实际的结果做一个差异分析，弄清楚问题出在哪里，讨论接下来怎么办。长此以往，销售人员的能力就提高了，对市场的把控就能到位了。

3.对销售预测结果定期总结、分析、改善，分享成功典范，剖析失败案例。业务员大部分是单打独斗型的,依靠团队作战的比较少,管理团队的能力比较弱。比如有一个业务员,经过公司前期的铺垫,500万元的订单已是板上钉钉的事,可是他在后续的跟进中竟让煮熟的鸭子飞了,在定期的销售会议上,就应该让他剖析丢单的原因并吸取教训。另一个小伙子,当月不声不响拿了一个500万元的大单,是不是应该邀请他来分享一下他的成功经验?通过这种定期的经验交流和心得体会的分享,销售人员的能力素质就整体得到了提升,散兵游勇的销售个体就凝聚成了一个团队。

三、适应变化,切换思维,编写合理的计划

编写计划其实就是寻找合理有效的行动方案或业务路径。在互联网时代,必须强调切换互联网思维,拓宽业务路径,不能局限于传统思维、传统方法了,否则投入产出效率就会出大问题。

很多传统企业的销售模式就是铺渠道,通过铺渠道来一级一级拓展销售半径。产品从分销商到代理商、零售商,再到用户,或者从省级代理到市级代理、县级代理,再到用户,价格经过层层加码,早已失去了竞争力,信息经过层层封闭,也远离了消费者,而"小米"们没有这些(通过自己的官网直接销售),线上销售也没有这些,传统企业如何与它们竞争?

很多传统企业的营销模式也必须与时俱进。传统营销属于大把撒钱的模式,通过巨额的广告投入、大量的眼球轰炸、渠道代理的地面推广等,但这种营销模式没办法形成口碑,因为用户毫无体验,只能形成一次性的销售。而现在大力提倡的是口碑传播,即智慧营销的模式。现在,人们选择商品时,不再听商家是怎么吹的,而是看别人是怎么说的。现在,通过QQ、微博、微信这样的社交平台,你批评一款产品太差,或者点赞一家公司,成千上万的人都能看到。

联想集团的杨元庆曾经说过：我们以前用传统方式做广告，现在改用微信、微博了，才意识到过去有多吃亏，如果今天有上千万的粉丝，只要发一条微博就是广告，一分钱都不用花。

万达集团的王健林也在营销模式上进行了深刻反省：我们在商业地产上一年营销费用几十个亿，大多投放到报纸、电视、路牌、现场活动等传统营销方式上，到达率不高，效果也不好。新媒体营销应该成为我们的方法，我们必须在互联网营销、智慧营销上动脑筋、做文章、下功夫。

案例3-7

一位学员反映，他们公司是一家生产化妆品的企业，销售额每年在5个亿左右，广告费投放每年都在1个亿以上。我问他，广告费投放的业务路径是怎样的。他说几乎全部在中央电视台打广告了，其余用于请明星代言。

很显然，这家公司在营销行动方案上犯了致命的错误。

这年头，还有多少人看电视？还有多少人看中央电视台？又是哪些人在看电视，在看中央电视台？据统计，现在年轻人越来越不爱看电视了，看电视的以中老年人居多。

化妆品的消费人群集中在城市年轻女性，怎么能在中央电视台做广告呢？即使要在电视台做广告，也应该选择地方台的卫视频道吧。现在的年轻女性，更多的时间花在手机上，因此应该选择移动互联网营销。

至于请明星代言，这种方式是否妥当值得商榷，传播效果应当谨慎评估。TCL、海尔请张曼玉、金喜善做过代言，她们用TCL、海尔的手机吗？又有多少人在她俩的影响下买TCL、海尔手机呢？现在的玩法变了，诉求是黏性。一个信息过来，进入消费者脑子要像浆糊一样

> 黏住，让人挥之不去。信息不再单纯，而是有故事，有曲折，有前因后果，让受众愿意转述，能够成为话题，造成口碑传播。

四、如何建立公司层面和各职能部门的计划体系

公司级和部门级的计划体系是目标体系行动上的保证和支持，如何建立相应的计划体系，以下内容给大家一些参考和借鉴，希望起到抛砖引玉的作用。还是那句话：合适的才是最好的。所以务必因地制宜、量体裁衣，具体问题具体分析。

（一）公司级计划体系

1.公司战略发展规划：

* 环境分析；

* 竞争分析；

* 资源分析；

* 企业定位；

* 企业使命；

* 企业愿景；

* 战略目标；

* 经营模式；

* 核心竞争力。

2.公司年度经营计划：

* 销售计划；

* 生产计划；

* 物资供应计划；

* 新产品计划；

* 劳动工资计划；

* 成本费用计划；

* 财务计划；

* 人才培养和能力提升计划；

* 内部运作流程改善计划。

（二）部门级计划体系

1. 市场管理部计划：

* 客户信息管理计划；

* 目标消费者管理计划；

* 消费者需求挖掘计划；

* 营销管理计划；

* 品牌建设计划。

2. 销售管理部计划：

* 销售价格、折扣和佣金计划；

* 应收账款货款回笼及信用管理计划；

* 销售费用计划；

* 新产品、新市场开发计划；

* 广告和宣传促销费用投放计划；

* 销售人员管理与能力提升计划；

* 销售人员绩效考核方案；

* 渠道开发计划；

* 售后服务计划；

* 客户满意度方案。

3. 生产部计划:

*产量及产能提升计划;

*生产质量管理计划;

*工艺管理计划;

*物料管理计划;

*设备维护保养计划;

*生产作业进度控制计划;

*现场管理计划;

*安全管理计划;

*环保控制计划。

4. 仓储中心计划:

*物资验收计划;

*入库管理计划;

*出库管理计划;

*物资储存计划;

*物资搬运计划;

*仓库盘点计划。

5. 采购部计划:

*采购价格管理计划;

*采购付款计划;

*原材料控制计划;

*采购质量控制计划;

*供应商开发、评估与管理计划;

*采购降本计划。

6. 研发部计划:

*市场调研计划;

*新产品开发计划；

*新产品测试计划；

*新产品试销计划；

*新产品上市计划；

*新产品推广计划；

*新产品成本控制计划；

*新产品资源需求计划；

*研发降本计划；

*产品生命周期管理计划。

7.行政部计划：

*日常接待管理计划；

*会议管理计划；

*办公用品管理计划；

*车辆管理计划；

*后勤管理计划；

8.人力资源部计划：

*招聘管理计划；

*员工培训计划；

*薪酬管理计划；

*绩效管理计划；

*人事档案管理计划；

*企业文化建设计划；

*劳资关系管理计划；

*组织机构及调整计划；

*员工满意度管理计划。

9.财务部计划:

*财务人员能力提升计划;

*预算管理项目推进计划;

*会计核算效率提升计划;

*资金管理计划;

*资产管理计划;

*融资管理计划;

*税务筹划方案;

*费用控制计划;

*成本管理计划;

*制度建设计划;

*风险控制计划;

*财务降本计划。

(三)如何编制业务计划以确保部门目标实现

企业应当给各个部门制定标准的计划模板,指导并约束他们全面完整地思考实现预算目标所需的业务路径和资源路径。预算管理并不能有效解决企业管理中存在的所有问题,但是它能保证每个人提高解决问题的思考能力。

案例3-8

某公司销售计划模板

以下销售计划模板包括5个方面的内容:回顾上年业绩、设定具体目标、确定营销策略、制定行动方案、预算资源需求。

一、年度销售业绩及策略回顾

1. 年度销售业绩回顾。

① 公司销售收入。

	三年前	两年前	一年前	本期	计划	达成率
销售收入						
增长率（%）						
市场占有率（%）						

② 区域销售收入。

	三年前	两年前	一年前	本期	计划	达成率
广州						
北京						
上海						

③ 产品销售收入。

	三年前	两年前	一年前	本期	计划	达成率
产品A						
产品B						
产品C						

④ 行业销售收入。

	三年前	两年前	一年前	本期	计划	达成率
电力						
电信						
交通						

⑤ 产品利润贡献能力。

	产品 A		产品 B		产品 C	
	实际	预算	实际	预算	实际	预算
销售收入						
销售成本						
毛利						
毛利率						
销售费用						
销售费用率						

2. 年度策略回顾。

策略	策略结果

3. 存在的问题。

	业绩问题点	原因
整体业绩		
市场占有率		
区域状况		
产品状况		
行业状况		
产品贡献能力		
市场推广		
产品宣传		

二、设定营销业务目标

根据外部环境分析及内部资源评估所得到的情报，我们明确了产品及企业的市场地位，营销人员要定出年度目标，也就是定下企业所期望的市场地位。

表现期望的市场地位方式有：

* 市场占有率30％；

* 连锁店家数领先竞争者；

* 推出新产品X，期望在A区隔市场获10％的市场占有率；

* 产品组合胜过同业；

* 持续高品牌、高价位的产品；

* 定位售后服务持续维持90分以上的满意度。

设定营销目标可采取的步骤：

* 明确营销目标在实现企业策略目标与策略计划中承担的责任；

* 指出企业在哪些市场销售，有哪些具有潜力的市场；

* 预测市场潜在需求量及各区域市场的占有率，并选定目标市场；

* 分析各个市场客户的需求及欲望；

* 指出各个市场竞争状况，并剖析各厂商在各个市场的优势及劣势。

三、制定营销业务策略

1. 市场策略。

以市场导向策略的重心，在于确定企业今后要对哪些客户提供服务。我们有三种方案来选择市场：

* 全部市场；

* 市场区隔；

* 市场集中策略：选择一个区隔市场全力以赴，争取最大的市场

占有率。

  2.竞争策略。

  * 产品卓越策略；

  * 服务至上策略；

  * 成本领先策略。

  3.市场地位策略。

  * 领导者策略；

  * 挑战者策略；

  * 追随者策略。

年度基本策略目标	
年度营销业务目标与营销业务策略	
业务目标1	
业务策略	1. 2. 3.
业务目标2	
业务策略	1. 2. 3.
业务目标3	
业务策略	1. 2. 3.
业务目标4	
业务策略	1. 2. 3. 4.

四、设计营销行动计划方案

行动方案是为了执行策略做成的行动计划方案,更明确地规划出企业要进行哪些活动,投入多少人、财、物,在什么时候进行哪些活动,需要多少费用,期望能产生什么样的效果等。员工有明确的方案在手,彼此更容易协调配合,企业也能明确地评估方案执行的好坏及方案是否能产生预期的效能。

不同的策略会产生不同的营销方案计划,如:

* 新产品导入市场方案;

* 举办大型展示会方案;

* 年度市场调查方案;

* 年度广告投放方案;

* 公益活动方案;

* 开拓新经销商方案;

* 客户满意度调查方案;

* 业务人员训练计划方案;

* 业务人员竞赛方案。

五、初步预算资源需求

略。

案例 3-9

某公司生产计划模板

一、年度生产业绩及策略回顾

1.年度生产业绩回顾;

2.年度策略回顾;

3.存在的问题。

二、设定年度生产业务目标

1. 年度产量、产值指标。

① 产量、产值。

② 达成年度各产品 Q、C、D 的目标。

* Q（品质）；

* C（成本）：各项产品的成本金额下降率；

* D（交期）：指定交期率。

2. 改善生产体制。

① 完善质量体系认证；

② 降低损益平衡点；

③ 改善目前的生产体制。

3. 个人产值的提升。

4. 技术力提升。

① 取得某项技术制造工艺决窍；

② 降低制造过程不良率。

5. 生产成本下降。

① 降低人工费；

② 库存金额下降。

6. 提升产品试制的效率。

7. 扩大产能。

8. 改善员工工作环境。

三、制定生产业务策略

生产业务策略是通过产品设计、地点选择、生产制程、材料购置、品质管理、库存政策、信赖性及维修、工厂布置、自动化导入、人力资源、策略联盟、降低成本等因素的调整及决策，以创造生产优势而提高企业的竞争优势。

1. 对应经营环境经济结构变化的生产策略；

2. 对应产品生命周期的生产策略；

3. 生产设备的投入策略；

4. 利用外部资源的生产策略；

5. 降低损益平衡点策略；

6. 提高劳动生产效率的策略；

7. 品质保证策略方向；

8. 成本控制策略方向。

年度基本策略目标	
××公司年度与生产相关策略目标： ××公司年度与生产相关策略：	
年度生产业务目标与生产业务策略	
××公司年度生产目标：	
业务目标1	
业务策略	
业务目标2	
业务策略	
业务目标3	
业务策略	

四、设计生产行动计划方案

略。

案例 3-10

某公司研发部门的业务计划模板

一、年度研发业绩及策略回顾

1. 年度研发业绩回顾;

2. 年度策略回顾;

3. 存在的问题。

二、设立年度研发业务目标

制定目标三步骤:

1. 首先确定市场需求哪些需要靠变动来应对,并观测需求会向什么方向发展。

2. 在制造产品时,为了应对市场需求变化,技术上要改变哪些要素?又有哪些技术要素可以开发?

3. 如何开发这些技术要素?

* 基础研究;

* 产品开发;

* 技术改良。

三、设计研发行动计划方案

从结合市场的需求为出发点,定出企业的研究开发目标,接下来我们必须经由适当的组织体系,投入人、物、财力等各项资源于研究开发的管理策略上。基本上,对于基础技术的研发要明确长期的研发方向及方针,对产品改良、新产品开发等与企业短期的年度目标及预算有直接关系的开发管理工作,必须对时效、费用、进度管理、报告系统、责任、权限等有明确的规范,并有明确的企划方案可供追踪与评估。

1.研发综合计划。

研发综合计划主要规划出今年研究发展投入的活动项目，包括基本研究、商品开发及改良。

2.研发项目计划。

① 产品规划。

评价预备用什么样的技术、什么样的构想，以达成产品规划所要求的目的。涉及的主要活动有：

* 技术风险的把握；

* 品质、成本、期间目标的设定；

* 设定品质目标。

② 基本设计。

进行系统功能设计，并确认品质、成本和期间目标达成的标准。涉及的主要活动有：

* 索要零部件的展开表；

* 原始模型的设计与测试；

* 制作性能规格说明书；

* 操作性、安全性与维护性检查。

③ 量产设计。

确保量产可能性的详细设计，并进行试产。涉及的主要活动有：

* 工艺模型的设计与测试；

* 确定产品设计图；

* 操作性、安全性与维护性检查。

第四节 编制草案——高效地配置资源

一、公司预算编制实践中突出的问题是什么

根据我们的经验,大部分企业预算编制过程中最突出的问题是,没有目标,没有计划,就开始在上年数据的基础上编预算,以致预算变成面向过去的数字游戏。

另一个比较突出的问题是,业务部门为了用公司的资源推动自己的部门目标顺利实现,在预算编制阶段拼命抢占资源,毫不留情地实行"三光"政策:分光、吃光、用光。于是老板干脆剥夺了他们编制预算的权利,让预算回到财务部门闭门造车。

案例3-11

为什么业务部门毫不费力就编好了预算

我任职过的一家单位有一年准备实施预算管理。预算启动会一结束,战略发展部的王总就找上门来了。王总说:"咱们两个部门作为隔壁邻居,今年你们财务部门负责实施预算管理项目,我表示理解、支持、配合。钱总,能不能提供一下预算编制的模板,方便我把预算编制任务在部门内布置下去。"我赶紧把表单模板和编制大纲发给他们。过了半小时王总又来了,他说:"模板拿到了,谢谢!但我们还是不知道该怎么编。这样,你能不能把我们战略发展部今年每一个人的费用清单打印一下,比如我一年的招待费是多少,一笔一笔是如何发生的,请按费用项目和人员进行分类统计并给出明细清单。"这个没问题,我马上让财务人员满足了王总的信息需求。

再过了半小时，王总又找上门来了，他说："钱总，我有没有得第一啊？"我不明白他说什么，财务部门又没有组织过什么考试。王总笑着解释："我们是不是第一个上交明年预算的部门？"好像还真是的，预算启动会才过一个小时，他就把明年的预算做好交上来了。本来给了大家一个月的时间编制明年的预算，结果其他部门都在一周内把预算表单交上来了，真是出人意料。更让人意外的是，不知道是王总暗地里教他们方法了，还是大家心有灵犀一点通，所有部门的预算编制方法如出一辙。

我静下心来浏览了一遍他们报上来的预算草案，不由得倒吸一口凉气。战略发展部今年实际发生的费用是250万元，明年预算是500万元……一汇总，整个公司去年的费用合计约10个亿，明年的费用预算合计是20个亿！

我立即去找王总，问他这个预算到底是怎么编制出来的。王总满脸轻松地说："我跟秘书讲，公司明年实行预算管理了，钱总要卡我们的脖子，那是没办法的。但是我们总不能自己跟自己过不去吧。我建议明年的预算都在今年的基础上乘以一个系数，比如招待费乘以3.0，差旅费乘以2.5，培训费乘以2.0，以此类推，所有费用项目的系数不得小于1.0，否则明年费用不够用，我拿你是问。"

我硬着头皮将公司汇总预算交给总经理审阅。总经理一看就着急上火了："钱总，这就是你一段时间以来主抓预算管理的成果吗？咱们公司不搞预算还好，费用差不多10个亿，一搞预算，费用一下子变成了20个亿。预算管理不但没有引导大家降低成本，反而成为费用膨胀的幕后推手！钱总，我看他们编的预算太不靠谱了，还是财务部门辛苦一下，重新编一编吧。"总经理一生气、一句话，预算编制又变成财务部门闭门造车的数字游戏。

这种传统的预算编制方法叫作基数乘以系数，是错误的。用这种方法，系数显然缺乏依据，基数合不合理、基数内的业务明年要不要继续无从知道，唯一确定的是，所有的预算编制部门根本没有围绕目标来制定行动方案，也没有在行动方案的基础上配置资源，属于非常典型的数字游戏。

如何根治这个问题？一招就可治病！

公司应当明确要求预算责任人针对所有的费用预算项目，详细说明编制理由和计算依据。如果仅仅是参考历史数据上报一个预测数额，公司一律在其上年费用的基数上打9折甚至8折，绝对不允许乘以1.0以上的系数（注意：打折只是一种政策导向，预算一旦是通过强制打折编出来的，就脱离了业务的基础和土壤，变成了强制的行政手段）。只要做到这一点，费用预算就再也膨胀不起来了。这样做的目的是让大家明白一个道理：预算是基于业务的，而不是基于历史数据的，所以需要知道花这些钱是为了达成什么目标、要做哪些事情、做事的方法是否合理、花钱的方式是否有效。

二、预算编制必须遵循的三大规则

（一）谁做事、谁花钱，谁编预算

谁做事、谁花钱，谁编预算，这本来是理所当然、天经地义的事情，但是不知道为什么，很多企业竟然做不到这一点。比如，很多总经理会对财务总监说："年底各个部门都很忙，尤其销售部门又要拿订单又要催货款，而且他们也不太会编预算，交上来的东西都不靠谱。所以，希望财务部门辛苦一下，加加班，帮他们把预算编出来吧。"不懂预算管理的总经理常常这样瞎指挥，财务总监一般也没能力说服总经理，只能默默地关起门来搞数字游戏。

财务部门做出预算，通过总经理交给业务部门，结果业务部门看都没看一眼就说："办不了！你们什么情况都不了解，就给我们下任务、派指标，我也给你们下个任务、派些指标行吗？你们财务总是闭门造车，总是站着说话不腰疼，总是吃饱了撑的没事干，明年的销售目标你们财务部去完成吧！我们完成不了！"

看到这种情况，财务只好灰溜溜地把预算拿回去了。如此一来，预算管理就成了财务部门自娱自乐的一项活动，时间一长，连财务部门自己也觉得非常无聊、十分可笑，最后，预算变成了一场游戏一场梦。

那么，如何让公司高管和各部门在预算编制规则上达成共识呢？

从责任基础来看，公司给销售部门定的收入预算目标比如是1.5个亿，在上年基础上要求增长50%。销售部门如果只是按照上年的惯性来运作，采用同样的方法来经营，显然是不可能完成这个目标的。销售部门一定要在行动方案上有改善、有创新，在有限资源的约束下，从业务路径和资源路径来证明销售部门是有能力实现销售收入目标的。这是销售部门的职责，不是财务部门的责任。

从技术基础来看，不是财务部门不愿意帮业务部门编预算，实在是财务部门没有这个能力。比如，为了保证销售收入目标增长50%，要求生产产能也相应增长50%。如果让财务部门围绕这个产能目标来编生产预算，请问财务部门在产能提升的业务路径和资源路径上能找到合理有效的方法措施吗？财务部门的作用在于组织、培训、协调、平衡、汇总、监控业务部门预算编制工作的过程和结果。财务部门面对业务预算只能是一筹莫展，只能和上年数据比较，因为财务部门没有那个技术背景和技术能力。

从参与基础来看，全面预算管理的全面是指全员、全方位、全过程，通过预算管理让所有员工养成思考的习惯，提高思考的能力。如果只是让财务部门来编预算，那么只是给了财务提高能力素质的机会。应该让相关人员参与相关预算的编制，围绕目标，通过思考，找到合理有效的业务路径和资源路径，从而整体提升企业的经营管理能力素质。

如果业务部门以他们不会编预算为理由推脱责任，财务部门就要严肃指出问题的要害：业务部门不会编业务预算，就等于直白地告诉老板，你不懂管理，你不称职。为什么这么说呢？

业务部门负责人是分解目标的承担者，如何判断你是否具备承担责任的能力？需要通过你设计的业务执行路径和资源使用路径的合理性与可行性予以证明。部门预算的编制水平反映了预算责任人的思考能力和管理素质，是检验其履职能力的试金石。职能部门的预算编制好以后，建议总经理在预算答辩会上给每一位预算责任人做一个点评，并报人力资源部门备案，作为其今后晋升和培训的重要依据。这样一来，一是总经理清楚了解了下属的管理能力和管理素质；二是没人敢在预算编制阶段马马虎虎、敷衍了事，自此保证了预算编制的质量。

案例 3-12

两种变通的预算编制组织模式是否合理

有些企业从各个职能部门抽调人员，在财务系统下面设一个预算管理部门，由这个部门全权负责公司的预算管理工作。这种预算编制组织模式是错误的。这种做法虽然在一定程度上解决了财务部门编制业务预算的技术问题，但是严重违背了责任基础和参与基础，使用预算的业务部门不编制预算，编制预算的财务部门不使用预算，预算和业务严重脱钩，只能是数字游戏，分解目标的业务部门不去为如何实现目标寻找业务路径和资源路径，基本等同于不务正业，目标不可能自动自发地得以实现；与分解目标毫不相干的财务部门没必要也没能力找到合理有效的行动方案，做预算只能是吃力不讨好。

那么，有些企业各个职能部门设置专职或兼职的预算管理员岗位，具体负责本部门的预算编制、组织和管理，又是否妥当呢？应当这样来理解：在一些规模较大的公司，部门负责人在预算管理上很难做到事事亲力亲为，可能需要为其配备预算管理员，担当助手。预算管理员只能定位于基层操作岗位，帮助各部门的预算责任人处理一些和预算管理有关的日常事务性工作，比如下发会议通知、起草会议纪要、跟踪预算进程、参与预算考评等，但绝对不能授权他们来主导本部门的预算编制和预算管理工作。对专职或兼职预算管理员的能力要求建议如下：

＊ 对预算管理工作有正确的认识和理解；

＊ 须熟悉本部门的业务流程和各项作业；

＊ 财务知识并非预算管理员的必备要求。

有些部门很喜欢让财务人员如成本会计、应收应付会计、记账会计等担当预算管理员，也有一些部门喜欢起用或培养新人担任预算管理员，其实都走入了误区。预算管理落脚点在于管理，它不是常规的会计核算，不是简单的事务处理，它对个人的能力素质的要求体现在两个方面：能正确理解预算管理的原理和运行机制，须非常熟悉本部门的业务流程和各项作业。

（二）预算编制理由和计算基础规则

预算编制理由和计算基础规则，是指需要说明每一个预算数据的理由和依据：编制理由是证明为什么要做这些事情，计算依据是证明为什么要花这么多钱。因为预算是为保障目标服务的，预算是基于动态业务的，所以需要知道花这些钱是为了达成什么目标、要做哪些事情、做事的方法是否合理、花钱的方式是否有效。预算管理追求投入产出效率最大化，如何证明投入产出效率最大化？各部门需要按这个规则的要求证明项目是必要的，花钱是合理的。

当企业要求所有编制的预算都必须列出编制理由和计算依据，预算就不再是抽象笼统的会计科目和简单枯燥的预测数据，而是与部门目标直接相关的、具体的工作事项，是可以判断明确来源的数据。预算表单不再重要，解释项目的理由说明和计算过程才是关键。这样一来，传统的报表加数据变成了数据加理由，彻底改变了预算的表现形式。

编制的预算被要求说明理由和计算过程，以支持所提出预算的正当性和合理性，消除了在没有充分理由和不知如何计算投入量时，预算责任人企图借助抽象名目和历史数据编制浑水摸鱼式预算的可能性。大量既无理由又算不清楚的"灰色"预算被排除在外。

大部分业务部门的负责人并不认为与其相关的成本费用是他们的管理责任。通过预算编制，他们能养成这样一种思考习惯：在考虑其业务活动时，必须同时考虑相应的资源投入，认真计算需要多少资源，而不是简单粗暴地提要求。于是，预算编制成为管理者的管理训练实践。一个能够讲清楚以什么方式、以多少资源来实现其未来目标和任务的管理者，是称职的管理者。该预算规则逼着管理者不断地思考，精细化作业，以体现其管理水平。管理者在预算编制过程中锻炼了管理能力，企业在预算编制过程中考验了管理者的水平。于是，预算编制过程就成为编制者对未来行动的思考过程和决策过程，预算管理创造了考察和培训管理者思考能力的机会和平台。

（三）积极预算规则

积极预算规则，是指通过限制预算资源投入的方式来实现成本费用下降的目标，一般以高于上期的经营效率指标作为预算期的管理基础。

很多学员有一个共同的困惑：公司实行预算管理，销售收入总是完不成任务，但各项费用却一点也不少，甚至超预算。利润目标、收入目标（产出类目标）总是完不成，成本目标（投入类目标）却超额了，怎么办？

这个问题在中国企业的预算管理实践中非常有代表意义，这里给大家三个指导性建议。

1. 采用变动预算。

上述问题之所以存在，是因为投入和产出没有配比。预算管理的语言是投入产出效率，投入和产出有两种典型的挂钩方法，一是投入和销售收入比，二是投入和职工人数比。比如说销售人员按照资金回笼计提的业绩提成指标，就是一个非常典型的投入产出效率指标。如果提成率为5%，货款收回100万元，业绩提成5万元；货款收回1000万元，则业绩提成为50万元，不存在收入目标没完成，业绩提成指标却超额完成的现象。类似的投入产出效率指标还有招待费、广告费、运输费、差旅费、包装费、佣金、人均产值、人均销售、人均工资等。

建议大家对自己公司的所有费用项目首先按变动费用和固定费用做一个分类，然后对所有的变动费用按投入产出效率指标进行预算控制（见图3-11）。分类过程中你会发现很多费用项目属于混合成本性质，可以根据公司的具体情况、业务流程等将其划分为固定费用和变动费用。如水电费，行政部门的水电费属于固定费用，生产车间的水电费属于变动费用；销售人员的薪酬，底薪部分属于固定费用，提成和奖金部分属于变动费用等。

至于固定费用，很难与收入或人数挂钩。比如说广告宣传费，公司发生了5000万元的广告投放和形象宣传，一定会有期望的销售收入实现吗？不一定，由于市场环境的千变万化和竞争对手的策略调整，管理的不确定性风险非常大。所以，对于这一类固定费用，我们建议采用第二种方法进行控制。

2. 实行积极预算。

首先将销售收入目标打折处理，各项费用据此配置。这一招很厉害，这是我们下面一家子公司的总经理在预算管理实践中想出来的。他的做法是这样的：总公司给子公司下达的销售收入目标是10个亿，他要求在销售部门按 12 个亿进行分解，在生产和其他行政管理部门按 8 个亿的产值配置各项资源，包括组织机构、人员三定（定编、定岗、定员）、费用投入等。

项目名称	变动费用	固定费用	混合成本		
			分解依据或方法	变动费用	固定费用
招待费			行政部门实行总额控制 销售部门按照销售提成		
差旅费		√			
办公费		√			
水电费			行政部门和生产车间 单设水电表进行统计		
广告费	√				
运输费	√				
……					

图 3-11 费用科目成本性态归集表

在这种预算安排下，如果收入目标未能实现，各项费用一开始就没有按 10 个亿的收入目标匹配到位，所以利润指标还是有保障的。如果年初不打折配置资源，立即会导致资源闲置、能力空置、费用松弛。

如果真能实现 10 个亿的销售收入目标甚至更高，此时可能面临产能不足的问题，但是产能不足相比产能空置而言更容易解决：

* 加班加点是最容易想到的办法，配套措施是员工的激励政策；

* 可以考虑一班开两班，两班开三班，充分利用资产周转效率；

* 旺季可以临时增加、借调人员；

* 可以通过工艺、工装、工序的调整和改善释放产能；

* 可以通过外协、外购、外包的方式转嫁产能的压力。

3.控制投入节奏。

各预算项目年度指标确定以后，需要进一步按时间节点在每一个季度进行分解。一个季度结束以后，拿该季度的销售收入和利润等产出类目标与该季度的投入类目标进行比较分析，针对实际和预算之间的差异，要求业务部门进行原因分析，检讨投入产出效率，拿出改进行动方案，以过程的管理来控制投入的节奏。

三、预算编制的传统方法在实践中的调整改善

（一）增量预算法

增量预算法是预算编制过程中最常用的方法，也是预算编制最传统的方法。增量预算法一般是以上年的实际发生数为基础，结合预算期的业务量变化、成本降低的措施及影响因素的变动情况，通过调整原项目及金额来编制预算。

增量预算法的优点在于方法简单，容易理解，方便操作，工作量较小。

缺点是：

* 预算容易受到基期不合理因素的干扰；

* 由于受原有费用项目的限制和局限，不利于培养和提高各部门节约成本的能力；

* 不符合目标、计划和预算三者的逻辑关系，不容易发挥预算管理保障目标实现和能力提升的作用。

增量预算法适用于编制一些金额不大或性质不重要项目的预算，适用于刚开始推行预算管理的企业编制预算。

它的操作步骤如下：

1.首先详细列出各部门各项目的基期费用发生数清单；

2. 然后剔除在预算期内不再发生的业务项目及其金额；

3. 接着分析基期业务行为和金额发生的合理性、有效性；

4. 分析增加的业务行为的必要性及增加金额的合理性。

案例 3-13

采用增量预算法编制预算必须先做减法

案例 3-11 说明了公司不得单纯地采用基数乘以系数的方法编制预算，应当要求预算责任人对所有的费用预算项目，详细说明编制理由和计算依据。如果仅仅是参考历史数据上报一个预测数额，公司一律在其上年费用的基数上打 9 折甚至 8 折。

现在第二年预算编制又开始了，还是战略发展部。王总说："为了提高预算编制效率，也为了控制成本，咱们部门的差旅费上年实际是 50 万元，下一年预算数据直接打 8 折定为 40 万元，你看怎么样？" 50 万元降到 40 万元，感觉也能接受，于是领导就答应他们了。后来仔细审查各项费用明细的时候，发现又上了王总的当了。上年战略发展部差旅费 50 万元，其中欧美市场考察专项费用 30 万元，国内市场差旅费合计 20 万元。下一年的差旅费预算没有国外项目，40 万元全部是国内的差旅费，同比反而翻了一番！

这就是参考上年的历史数据没有做减法的后果。也就是说，上年的一些业务行为在预算期内可能不再发生了，必须首先剔除与此相关的费用。

不要总是说别人，就连财务自己也会犯同样的毛病。有一次总部召开一季度预算分析会议，会后总经理问财务经理，一季度总部的折旧费用比预算减少 10 万元是什么原因。财务经理查了下数据，原来是总经理的那辆座驾今年过了折旧年限，账务上不再计提折旧。但是当初编制折旧费用预算的时候财务疏忽了，忘记做减法了，继续按以前每个季度那辆车折旧 10 万元做了预算。

在此，我们强烈建议把增量预算法改成增减预算法。增量预算法暗示着每年的费用要不断增加，结果导致费用不断增长。增量预算法最容易掩盖低效率和浪费，其中最典型的问题是，原有的开支项目一般很难砍掉，即使其中一些项目已经没有设立的必要了。采用增减预算法编制预算的时候，必须先做减法。那么，减法应该如何做呢？

* 上年的每个支出项目是否必要（是否是实现目标和任务所必不可少的）？要求每个部门对上年的每个费用项目照着清单梳理一遍，因为一年下来事情已办好，费用已发生，应该可以评估出上年的支出项目和业务行为是否必要。

* 上年的每个支出项目在下一年度是否仍有继续进行的必要？根据公司下一年度的目标和要求做判断和决策。例如第二年战略发展部没有去欧美市场考察的计划，那么 30 万元的国外差旅费项目在预算年度就要减掉。

* 上年的每个支出项目是否均以投入产出效率最大化的方式实施的？上年的每个支出项目可能都是必要的，但不一定都做到了投入产出效率最大化，评估的时候如果发现有水分，那么第二年的预算首先把这些水分挤掉。

（二）零基预算法

零基预算法是指摒弃预算项目现有的既成事实，以零为基础编制计划和预算。编制预算时不受过去业务收支的约束，以零为基础，以目标为起点，以业务路径为依据，分析、判断每笔支出的必要性与合理性，重点放在预算项目投入产出效率的评估上。

零基预算的优点：

* 预算不受过去既成事实的约束和限制，容易剔除基期的不合理因素；

* 有利于培养和提高大家思考的能力，达到降低成本的目的；

＊完全符合目标、计划和预算三者的逻辑关系，特别适合发挥预算管理保障目标实现和能力提升的作用。

缺点在于工作量大，受编制者的个人能力影响大。

零基预算法适用于编制一些金额较大或性质重要项目的预算，适用于有高素质团队的企业编制预算。

它的操作步骤如下：

1. 确定预算项目所要实现的部门分解目标（基于目标）；
2. 制定预算项目详细具体必要的行动方案（编制理由）；
3. 合理配置资源并论证行动方案的可行性（计算依据）；
4. 评估预算项目业务活动的投入产出效率（成本效益）。

刚开始实施预算管理的企业，不宜全面铺开零基预算法的编制方法，可以让各个职能部门选择一两个重要项目尝试采用零基预算法编制。可选择的预算项目有资本支出预算、研发费用预算、广告费用预算、促销活动预算、降本指标预算、培训经费预算、项目管理预算、渠道开发预算、融资成本预算等。

考虑到编制者的能力和经验，建议将采用零基预算法编制出来的预算项目再结合以往年度的历史数据做一次对比分析，对遗漏或疏忽的事项进行相应的补充和完善。

零基预算法的要点和案例详见图 3-12、图 3-13。

图 3-12 零基预算法的要点

序号	项目	地域	预算项目	预算金额	行动方案
1	市场调查费 设计制作费 印刷费		北京、上海、广州、深圳市场调查 电视广告片两部及媒介、广告的设计制作 40页产品样本1.5万本，6页集团介绍1万本	60万	方案一
2	购买媒介	国内	全国媒介和地区性媒介广告费	40万	方案二
		国外	欧美等地专业杂志和邮递广告费	20万	
3	公关活动费 服务费 机动费		北京商品知识竞赛活动的有关费用	50万	方案三
			有关人员交通、差旅、加班、通讯等费用	20万	
			媒介价格上调因素和临时应急重要活动	10万	
4	促销活动费	国内	北京、上海、广州促销会场地、资料、劳务费	20万	方案四
		国外	赴英、法、德促销小组和参加展览会的费用	30万	
5			……		
			广告费用预算合计	250万	

图 3-13 零基预算法的编制示意图

除了上面重点介绍的增减预算法和零基预算法，预算编制方法还有弹性预算法、滚动预算法等。弹性预算法是指按照预算期内可预见的多种业务量水平编制的，能够适应不同业务量情况的预算。例如销售收入预算1亿元，公司就以1个亿为起点组织编制预算，但是弹性预算法除了编制收入1个亿的预算，还要补充编制假设最大可能性实现9000万元的预算、最乐观状态下的1.5亿元的预算、最保守情况下的7500万元的预算等。个人觉得，这种方法显著加大了预算编制的难度，对预算管理的帮助不大。建议在财务预测领域区分不同的业务量，测算相应的利润水平，提供给总经理做决策支持，让总经理心中有数：明年最好的、最差的、最有可能的情况下利润分别有多少。不建议让各个业务部门在不同的业务量下编制几套预算，意义不大，且劳民伤财。至于滚动预算法，个人就更不建议了，后面会说到为何不提倡这种方法。

四、预算编制具体示例

(一)培训经费预算如何编制

案例 3-14

图 3-14 是一家公司的培训经费预算明细,这显然是我们提倡的数据+理由式的预算,而非传统的报表+数据的预算。数据并不重要,重要的是培训方案中的业务路径和资源路径。

时间	名称	业务内容	计量单位	业务量	业务价格/元	预算/元
3月1—10日	部门经理培训	教师授课	人/天	10	15000	150000
		教室租赁	间/天	10	5000	50000
		学员住宿	人/天	500	250	125000
		学员餐饮	人/天	500	100	50000
		茶点安排	人/天	20	450	9000
		其他费用	人/天	10	500	5000
合计						389000

图 3-14 人力资源部 ×× 年度培训经费预算明细

总经理在预算答辩会上问人力资源总监:"3月1号至10号,你们准备搞一个部门经理的培训,从表中数据来看,是不是教师都是外聘的啊?"人力资源总监说:"是的,以前也是这样的。"总经理说:"以前是这样的,就代表以前的做法一定合理吗?就算以前是合理的,难道公司面临的内外部环境及公司的需求都是一成不变的吗?明年的这个培训能不能换一种方式,请集团高管以内训的方式进行,是不是效果会更好,培训更有针对性和操作性,并且对提升高管的能力素质更有促进作用?当然预算也能相应减少一些。我建议第一天由我来讲战略管理,接下来财务总监讲预算管理,人力资源总监讲薪酬与绩效管理,销售总监讲市场营销与销售管理……"

总经理继续发问:"从教室租赁、学员住宿和学员餐饮三项明细来看,你们准备在哪里举办本次培训?"人力资源总监说:"计划安排在××度假酒店,以前这个培训都是安排在那里的。"总经理生气地说:"以前公司效益一直不错,所以培训安排在那家酒店,目的一是培训,二是福利,三是旅游。现在公司进入困难阶段,难道做事的方法、花钱的方式不动脑筋地照旧吗?!还有,茶点安排和其他费用,你们是按什么标准在做预算的?……"

一季度的培训经费在总经理的刨根问底之下,最终预算确定为20万元。此时总经理又继续发问了:"你们一季度的部门经理培训方案我还没仔细看过,但是我相信这么多年过来了,你们在培训目的和培训组织上能够把好关。我现在关心的是,如何保证培训的效果?如何保证培训向应用转化?"

综上,培训经费预算怎么做?建议如下:

1.重点在于首先编写行动方案,行动方案必须明确培训目的、培训方式、培训内容、如何组织培训、如何保证培训效果、如何转化培训成果等业务路径,以及如何花钱、花多少钱等资源路径。

2.编制培训预算明细表时,尽量将培训预算金额细化,便于总经理预算答辩时逐一审核、决策。

3.预算呈现的形式必须是数据+理由,充分证明该预算项目的业务行为的必要性和配置资源的合理性。

(二)研发经费预算如何编制

研发经费在企业各项费用预算中是非常大的一个项目,一些企业的研发经费可能会占销售收入的10%左右,一旦投放出现失误,将给企业造成巨大的损失。

而且研发经费这类费用项目有几个特点，进一步加大了预算编制和预算控制的难度：

* 很难通过投入和产出的比较来判断其业务行为和预算编制的合理性及有效性；

* 研发周期比较长，一般都在1年以上，医药公司的新产品研发周期甚至在10年左右；

* 研发期间存在太多的不确定性，管理风险较大。

这里结合图 3-15，给出 4 点建议：

研发项目	持续时间	投入预算				价值流向					
		人力预算	材料预算	设备预算	费用预算	合计投入	体验	技术	功能	外观	品质	其他
……	……											

图 3-15 技术研发部 ×× 年度研发经费预算

一是按持续时间分类，投入预算合计多少，其中第一年、第二年、第三年等分别是多少。

二是按费用项目分类，投入预算合计多少，其中人力预算、材料预算、设备预算、费用预算等分别是多少。

三是按价值流向分类，投入预算合计多少，其中体验、技术、功能、品质、外观、其他方面分别投入多少。

四是数据背后的理由，重点审核和评估研发项目的可行性计划和推进方案是否合理有效、业务路径和资源路径是否清晰、过程控制是否得当等。

一般企业在编制研发经费预算时，会按照推进时间和费用性质进行细分，但很少有企业会按照价值流向进行分类控制。

研发经费的投入是为了提高产品的竞争力，通过提高产品毛利率来拓展产品的获利空间。研发费用和管理费用、销售费用、财务费用性质不同。研发费用让人心动，它代表的是企业的产品实力和产品投入；管理费用让人心痛，它代表的是企业的管理能力和管理素质。可是不知道为什么，会计准则和会计制度竟然要求把研发费用作为明细项目在管理费用下面反映。强烈建议将研发费用和管理费用作为一级科目并列使用。

有些产品有很强的竞争力，可以卖高价，因为它拥有自己的核心技术；有些产品技术一般，但是它的功能很强；有些产品的卖点在于外观时尚漂亮；有些产品则靠品质取胜。那么有人要说了，我们的产品在研发投入上要做到不但拥有核心的技术，而且具备强大的功能，不但要外观时尚，而且要品质一流。愿望是美好的，可现实是骨感的。在任何一家企业，资源都是受限的，能力都是有限的，所以必须集中资源干大事，尤其在产品研发上，必须避免广泛撒网，而要突出重点，运用"压强原则"，将有限的资源和能力集中于一点，在配置强度上大大超过竞争对手，以求迅速取得重点突破。

研发经费预算方案要求按价值流向来分类控制资源投入，这对市场部门和研发部门确定明年的产品研发方向十分重要，对形成企业自己的核心竞争力和差异化能力十分重要。

价值流向方面，特别要强调的也是大家常常忽略的要素，即用户体验。在互联网时代，用户思维和用户体验十分重要，必须用这一理念去驱动企业的产品设计、研发、生产、制造、销售、服务等业务流程做一个整体的优化和改善，达到快速反应，柔性制造，满足客户个性化、差异化需求的目的。

案例 3-15

有一次公司总经理参加技术中心的预算答辩，对于一款新产品的开发，总经理发话了："这款新产品研发经费1000万元，在技术、品质、功能、外观的价值流向的分布上我没有太多的意见，我想知道的是，为什么在用户体验上没有一分钱的研发经费投入？你们在设计研发这款新产品的过程中到底有没有用户思维？"

紧接着，总经理给大家讲了马云的一块布的故事。马云曾经对阿里巴巴的员工说："有一次家里的空调要更换新的，我妈其实从来没有买过电器，但是这一次她指定要买海尔的空调。我问妈妈是海尔的价格便宜吗？她说不知道。是海尔的质量更好吗？她还是说不知道。是海尔的功能多吗？是海尔的外观漂亮吗？……我妈妈说：'不要问了，我什么都不知道。我就知道他们到家装空调会带一块布把地板擦干净。我不但空调要海尔的，今后家里所有的电器我都要海尔的。'"

一块布带给马云妈妈的体验是什么？这块布擦的不是他们家的地板，也不是他们家的电器，擦的是马云妈妈的心。

一块布带给我们的启发又是什么呢？客户只要感觉体验好，你为他们着想，他们可以不管产品的价格，可以不问产品的质量，可以不顾产品的功能，但是指定要你的产品！

总经理接着说："我们的产品在价格、品质、功能、外观上当然要投入，并且在这方面的投入金额一般会非常大，可即使是这样，也难以保证我们的产品在价格、品质、功能或外观上与同行比能够脱颖而出。如果我们能够站在用户的角度换位思考，在用户思维和用户体验上多做文章、多动脑筋，其实花不了多少研发经费，但是我们的产品可能就形成了独特的亮点和卖点，形成了差异化竞争能力。用户思维和用户体验，在市场竞争日益激烈和客户需求多元化的今天，已经成为企业赢得社会信誉、争取客户、面对竞争、实现盈利的主要途径。"

飞利浦在用户体验上也栽过跟头。有一款空气净化器，购买时会随机器附带四层滤网。但这些滤网并没有分开包装,而是提前安装在机器中。用户拿到设备后,很自然地直接插上电源打开开关,就认为机器可以开始工作了。殊不知滤网的塑料封套没有拆除,根本起不到净化效果。机器工作时也不会检测到这个问题,导致很多用户是几个月后准备更换滤网时才发现这个问题的。尽管设计者也做了告知工作:他们在电源插头上粘贴了一个小小的黄色标签,并在产品使用说明书上提示用户要先拆除滤网塑料封套。但问题是,用户很容易忽略那个小小的黄色标签,也很少有人是先仔细阅读说明书后,才开始使用产品的。

(三)竞争投入预算如何编制

竞争投入包括的项目有广告费、业务宣传费、促销活动费、降价等(见图 3-16)。企业通过竞争投入,希望换来相应的销售收入增长。竞争投入和产出一般有逻辑对应关系,可以用下列公式进行计算:

竞争回报目标 = 竞争投入 / 边际贡献率

销售增长率 = 降价率 / (边际贡献率 — 降价率)

销售经理经常抱怨我们的产品没有价格优势、我们的广告投入太少了……他们也经常承诺:只要价格降 10%,我保证销量能大幅度增长;只要再增加 1000 万元广告费,我们今年的销售收入目标就能完成。

产品名称	寿命周期定位	竞争投入方案				回报预算
		降价	广告	促销	其他	

图 3-16 市场管理部 ×× 年度竞争投入预算明细

我们要学会将销售人员的随意承诺现象转化为用量化数据来要求他们。例如边际贡献率为20%，广告费投入1000万元，那么公司要求的竞争回报目标是收入增加5000万元；如果产品降价10%，那么公司要求的销售增长率为100%，请问销售部门能不能做到？如何做到？做不到怎么办？

不要仅仅关注竞争投入的预算数据，而要把重点放在竞争投入可行性计划及推进方案上，数据背后的理由才是关键。

对于竞争投入方案，市场部门或销售部门必须回答以下问题：

* 明年你准备针对不同产品采取哪些竞争策略？
* 计划出台哪些竞争措施？
* 如何准确客观地评估竞争投入的效果？
* 你准备花多少钱？如何花钱？
* 你期望的回报是多少？
* 达不到相应的回报怎么办？

有人说，回报预算很难弄准确。通常这么说的人，大部分都是会计出身，因为会计追求精确，精确到小数点后两位。管理追求的是价值而不是精确。一项管理活动的价值在于这项活动对人的思维和行为的改变。

（四）销售收入预算如何编制

每年在销售部门的预算答辩会议上，总经理总是会问销售部门几个相同的问题：

* 我们经营的几类产品中，哪些是赚钱而应该加大资源投入的，哪些是不赚钱甚至亏损而应减产甚至停产的？
* 我们的客户中，哪些是赚钱的，应该重点维护和提供服务支持的；哪些是既难伺候又不赚钱，准备淘汰的？

＊为实现销售收入双增长，竞争对手明年可能采取什么样的策略？我们又有什么样的新思维、新思路、新方法？

＊为了实现销售收入目标，我们在产品型谱、新产品开发及渠道建设、市场开发、客户维护等方面，有哪些远大的规划和具体的设想？

＊如何超越去年的业绩？如何战胜竞争对手？

若销售部门以专题会的形式证明自己在上述问题上早已做出深思熟虑，总经理就认为明年收入目标的实现在行动方案上有了充分必要的保证。

何为销售收入双增长？即有效客户数量不断增加的同时，单个客户的销量也不断增长（见图3-17）。这就要求销售部门要不断地开发新客户、新市场，同时要注重老客户的维护。

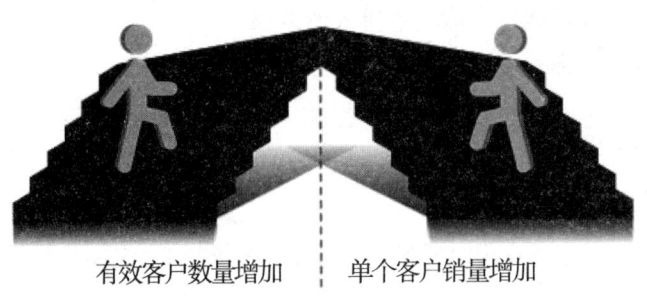

有效客户数量增加　　单个客户销量增加

图3-17　销售收入双增长

为了能够实现销售收入的双增长，销售收入预算建议按图3-18的模板，从新客户/老客户及新产品/老产品的维度进行思考和测算，并分别用不同的绩效政策进行引导。

销售项目分类		销量预算	单价预算	销售额预算
老产品	老客户			
	新客户			
新产品	老客户			
	新客户			

图3-18　销售预算促进管理

每个公司首先都要稳住自己的老客户。有的公司的销售人员一天到晚开发新客户，为新客户想方法、给折扣、送赠品、搞花样，而把老客户"置之度外"。结果是增加了 5000 万元的生意，又丢掉了 3000 万元的订单，这样的话市场永远不会做大。要把老客户照顾好，生意才会做得长久。偏偏很多人认为，老客户都是熟悉的，将就将就大概也没什么关系。其实这是个非常错误的理念。营销学上做过一个统计调查，开发一个新客户的成本是稳住一个老客户成本的 4 倍。

案例 3-16

某家公司有个纸品部，有一天孟经理跟总经理说："李总，报告你一个好消息，今年我们的业绩大幅度增长了！"李总问他增长了多少？他说增长了 20%。李总马上就问了一个一针见血的问题："孟经理，你帮我查一下，我们公司今年和去年比，对于这两种新闻纸，其中老客户增加了多少，新客户增加了多少。"

结果孟经理告诉李总，虽然新找了 10 个小出版社，但原来 4 个最大的客户的新闻纸的用量全部下降。小报社不但能力不强，而且很容易倒闭，很容易出现呆账、坏账。所以在李总看来，虽然公司整体业绩增长了 20%，实际上却丢掉了大客户的生意。

销售收入预算除了按照上述老客户/新客户、老产品/新产品的维度进行编制，还需要按照销量多少和贡献大小两个维度，分别从产品、客户、区域、人员、时间 5 个角度进行分解和测算，并分别制定行动方案和资源需求（见图 3-19）。

图 3-19　销售预算编制维度

总之，销售收入预算几乎是企业最重要的预算项目，销售收入预算目标实现了，利润目标的完成就有把握了。编制销售收入预算不只是将收入目标在销售人员之间、在销售区域之间、在产品型号之间分拆下去，更重要的是想方设法找出实现收入目标的行动方案和资源支持。假设要做到1个亿的销售收入，那它前面的动作是什么？前面里程碑式的指标是什么？比如说客户数、客单价，或者某一关键转换率。再往下一层继续找答案，实现关键转换率、实现客户满意度的下一个指标是什么？后面要采取哪些策略？如何超越去年的业绩？如何战胜竞争对手？

（五）公司战略和预算编制如何做到无缝连接

我们一直强调，预算管理是公司战略落地的路径和桥梁，所以，在预算编制阶段就要做到对战略的承接和转化。历年来公司资源的持续投入，会给公司的经营管理带来4种能力，即差异化能力、必备能力、基本能力和多余能力。

1.差异化能力：有别于任何一家企业，能够带来可持续竞争优势的3~5种独特的能力。如独特的产品创新和设计、超高端的品牌建设、独到的消费者群体细分等。差异化能力属于公司必保资源，即使借钱也要保证对这些资源的投入。

* 集中投放公司各项资源；

* 针对质量、创新、效率。

2. 必备能力：在行业内开展竞争所必需的能力。如物流、采购、生产、信息系统等。

* 提升效率并削减成本；

* 保持"足够好"的水平即可。

3. 基本能力：基本的业务能力，是持续运营所必需的。如报税、物业及设施维护、能耗管理等。

* 将成本降到低于竞争对手的水平；

* 提升效率/外包等。

4. 多余能力：不能对战略起到支持作用的过往投资。如过多的评估、过时的监管、许多长久存在但不合时宜的业务流程和实践等。

* 逐个清理，考虑取消；

* 余下活动，能省则省；

* 降低服务水准。

有些企业从战略承接的角度，将预算项目分为战略性项目、政策性项目、一般性项目和重点关注项目。战略性项目基本等同于差异化能力，应该集中投放资源；政策性项目属于当年重点投入项目；一般性项目要求重点评估投入产出效率；重点关注项目就是当年需要重点挖潜和控制投入的项目。

（六）培训预算如何上接战略、下接绩效

> **案例 3-17**
>
> 和一位人力资源总监聊天时他说："不瞒你说，我们每年在培训上要花几百万元，有的年度甚至上千万元，每年采购大量的课程，什么流行上什么，以至于现在都不知道该上什么课了。但员工的能力似乎并没有明显提高，培训就是一个无底洞。"
>
> 这位负责培训的人力资源总监还举了一个例子说明他们公司的培训困惑：公司上半年销售业绩不佳，总经理问销售总监是什么原因，销售总监解释说是因为人员能力不够，培训没跟上。于是总经理就要求人力资源总监抓一下培训工作。培训部门马上去问销售总监他们需要哪些课程。销售总监本来就是拿培训当借口的，根本没想要什么课程，只能随便说几个。
>
> 然后，培训部门开始认真组织培训，生怕销售部门不满意，就找了市面上最好、最贵的老师来讲。销售部门的员工报名时很积极，一下子报了百来人，可是培训那天只到场了二十几人。培训经理就问销售总监怎么回事，销售总监说："你们这些搞培训的，真是站着说话不腰疼，也不看看现在是什么季节，销售员都在外面忙着签合同收款呢，哪还顾得上什么培训？"如果你是主管培训的人，听完这番话是不是非常恼火？

我们来分析一下通常公司内部年度培训计划是如何出台的。一般是培训部门发一个通知，附一张表格，要求各业务部门提出当年的培训需求，一个星期内回复。如果你是业务部门经理，会认真填写这张表吗？通常不会。会填完交差吗？一般会的，因为人力资源部门同时掌握着经理的晋升和薪资，不能得罪。所以，业务部门经理可能会布置助手去填。助手又根

据自己的有限经验开始应付,把沟通技巧、阳光心态、七个习惯之类的需求填上了。培训部门以为这就是各个职能部门的真实需求,于是照单抓药,请了一大堆"名嘴"轮番上阵,结果可想而知。如果一家企业的年度培训计划是这样产生的,毫无疑问这些培训预算上不接战略、下不接绩效。问题该怎么解决呢?

一个行之有效的办法就是培训部门和业务部门一起研讨形成培训计划。培训计划不是一张表格,而是一个完整的行动方案和资源需求计划,需要一个沟通形成的过程。如果年度培训计划是跟业务部门一起分析业务部门的年度业务计划和经营管理策略得来的,结果就会大不相同。大家一起分析年度重要策略和重点工作有哪些,根据业务部门的机遇和风险、优势和劣势,以及团队能力提升计划,来判断需要提高哪些能力,需要引进什么课程,需要自主开发哪些课程。因为跟公司战略和业务计划有紧密的衔接关系,我们有理由相信,这样产生的培训计划跟公司战略、目标、计划是一脉相承的。

比如说,这家公司今年刚开始实行预算管理,公司要求销售部门准确把握市场动态和变化趋势,制定相对准确的销售预算,作为生产预算和采购预算的起点和基础。大家都认为业务人员在这方面的能力十分薄弱,希望尽快安排跟这个主题相关的培训。由此形成的培训预算就能挖掘出业务部门的真实需求和能力短板,就能做到培训预算上接战略、下接绩效。

(七)打印机的预算应当由哪个部门编制

请思考:一家企业刚开始实施预算管理,购买打印机的预算究竟是办公室编制,还是由打印机使用部门编制,或由采购部门甚至是信息中心编制?

与此类预算相关的还有工资及奖金、电脑及耗材、空调、办公用品等,一般企业由归口管理部门负责预算管理。首先由各使用部门上报预算草案，然后由归口管理部门汇总、审核并进行预算控制。

刚开始实行预算管理的企业，会发现很多事情找不到责任人，很多项目又处于多头管理状态，感觉管理很混乱，其实这不是预算管理的错，而是实行预算管理了，发现了以前工作上的各种问题。

* 实施预算管理以后，企业存在的缺陷或漏洞，都会在预算管理过程中无处藏身。

* 一项预算在现有管理分工中找不到真正的责任部门，就说明管理有缺位现象。

* 一项预算有两个或以上的部门在编制和管理，说明管理中分工不明，职责不清。

（八）职能部门和财务部门编制机动预算有无必要

机动预算是指没有具体确定对象的资源需求。企业可以在利润目标范围内，允许各预算单元列入不确定因素较大的项目或支出，便于公司经营班子对各部门的不确定性风险事先有一定的准备和评估。机动预算还有一个好处：对于刚开始实行预算管理的企业，由于预算调整事项很多，可能导致当初的利润目标无法实现，此时可以将机动预算作为影响利润因素的一个缓冲项目。

机动预算的金额不允许过大，一般不得超过 10 万元（具体金额可根据公司规模大小确定）。能否成立和批准多少额度，取决于公司预算的最终平衡结果。

在预算平衡时，机动预算是第一个可能被取消的项目。该预算项目在实际投入时，必须由部门提出确定的理由和确定的对象，经预算控制批准方可投入，不可先斩后奏。

（九）如何看待预算编制既麻烦又费时的观点

预算编制真的既麻烦又费时吗？

有些大型公司从 6 月就开始规划明年的预算了，一直到 12 月 31 日预算审批下发为止，在预算编制阶段花了七八个月的时间，一般的公司编制预算也要花一个季度的时间。而第四季度是各个职能部门都非常忙碌的时候，大家都在全力以赴地冲刺全年任务，此时预算管理居然还要横插一杠子。从这个角度来说，我们认同"预算编制既麻烦又费时"的观点。

但是，要不要编制预算，不是看麻不麻烦、费不费时，关键是看有没有价值、有没有必要。预算编制就是寻找合理做事、合理花钱的方式、方法，这样才能保证企业的利润目标得以实现。作为公司的经营管理者，你在如何管钱上多花点时间精力，难道不应该吗？我们平时工作在干吗，不就是管人和管钱吗？管人其实也是为了管钱。所以在管钱上面多花点时间和精力，是应该的，这也是本职工作。

今后再有职能部门说，我们一天到晚忙都忙死了，不像有的部门吃饱了撑的没事干，就表示这个部门的负责人不称职，一天到晚像无头苍蝇一样瞎忙乎。

五、预算编制的表单模板体系如何优化设计

各个职能部门业务单元的业务预算统一上报到财务部门，财务部门据此编制汇总预算草案，出台预算利润表、预算现金流量表和预算资产负债表（见图 3-20）。

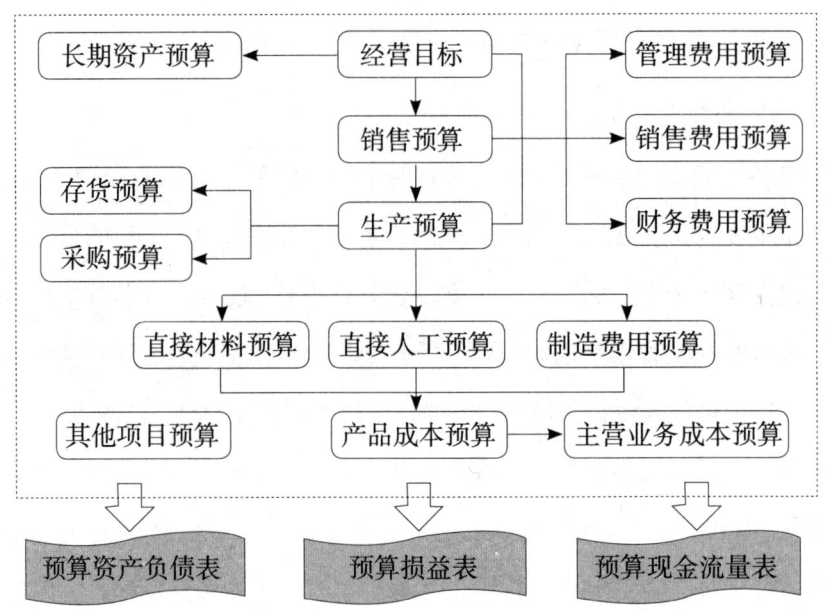

图 3-20 预算编制表单体系

预算表单模板设计的注意事项：

1. 预算科目的定义、说明、指标口径；

2. 预算指标的计算公式、计算方法；

3. 模板中表单与表单间的勾稽关系；

4. 预算表单的填表说明和填表要求。

完成预算编制的标志性事件是汇总出来预算资产负债表、预算损益表及预算现金流量表，这是预算编制阶段的成果汇总。

预算编制的起点是经营目标，围绕经营目标首先开始编制销售预算，接着编制生产预算，有了生产预算才能编制存货预算和采购预算。这里有一个产供销协调的逻辑关系。同时可以展开编制的预算有管理费用预算、销售费用预算、财务费用预算、研发费用预算、固定资产预算。生产预算还要细分至直接材料预算、直接人工预算、制造费用预算，形成产品成本预算和主营业务成本预算。当然还有很多其他项目的预算需要编制，在这张汇总表里我们把它统一放入其他项目预算了。

　　三张预算会计报表中，预算利润表最重要。预算编制的起点即销售收入和利润目标，这两个指标都体现在利润表中，预算管理的目的就是保障收入目标和利润目标的顺利实现。从这个角度而言，预算利润表最为重要。接下来才是预算现金流量表，这张表汇总编制出来以后，你就会发现资金有没有缺口，什么时候会产生缺口，资金缺口如何补足。这对我们展开全年的资金收支规划很有帮助，对企业的资金安全产生保障作用。至于预算资产负债表，从预算管理的角度看，其作用并不明显，个人甚至觉得这张表可编可不编。因为这张表里一些科目很难编制，比如其他应收款、其他应付款之类的科目。但是从预算报表的完整性来看，把预算资产负债表编出来起码没有坏处。

　　至于生产预算、存货预算和采购预算，对于没有上 ERP 系统（有生产制造模块，生产计划依赖于系统跑出来的 MRP）的企业，不建议按产品 BOM 表展开编制到部件级或零件级，因为条件不具备。建议此阶段把预算管理的焦点集中在生产计划、仓储计划、采购计划的创新行动方案上。

　　本节后面附有一套完整的预算编制表单模板供大家参考、借鉴。

编制单位: 201×年利润预算表 金额单位：元

项目	全年预算	上年同期			第一季度				第二季度				第三季度				第四季度			
		1—9月实际	10—12月预计	同比增长	1月	2月	3月	小计	4月	5月	6月	小计	7月	8月	9月	小计	10月	11月	12月	小计
一、主营业务收入																				
减：销售返利																				
二、主营业务净收入																				
减：主营业务成本																				
三、主营业务利润																				
加：其他业务利润																				
减：销售费用																				
管理费用																				
财务费用																				
四、营业利润																				
加：投资收益																				
营业外收入																				
减：营业外支出																				
五、利润总额																				
减：所得税																				
六、净利润																				
七、产品销售毛利率（%）																				
八、产品销售利润率（%）																				
九、期间费用收入比（%）																				

201×年现金预算表

编制单位：　　　金额单位：元

序号	项目	第一季度				第二季度				第三季度				第四季度			
		1月	2月	3月	小计	4月	5月	6月	小计	7月	8月	9月	小计	10月	11月	12月	小计
一	期初现金金额																
1	加：销货现金收入（含税）																
2	其他业务现金收入																
3	可供使用现金																
二	减：各项经营现金支出																
4	商品或材料采购（含税）																
5	直接人工																
6	制造费用																
7	管理费用																
8	销售费用																
9	缴纳增值税																
10	企业所得税																
11	其他支出																
12	各项付现支出合计																
13	经营活动现金净流量																
三	投资活动现金流入																
14	加：固定资产、基建技改投入现金																
15	减：对外投资																
16																	
17																	
四	现金多余或不足																
18	加：向银行借款																
19	向内部借款																
20	减：还银行借款																
21	还内部借款																
22	借款利息等财务费用																
五	期末现金余额																

201×年投资预算表

编制单位： 金额单位：元

序号	项目	全年合计	上年同期	第一季度				第二季度				第三季度				第四季度			
				1月	2月	3月	小计	4月	5月	6月	小计	7月	8月	9月	小计	10月	11月	12月	小计
1	收回投资现金流入																		
2	其中：																		
3																			
4	投资收益收回现金																		
5	其中：																		
6																			
7	处置固定资产收回现金																		
8	其中：																		
9																			
10																			
11																			
12	现金流入小计																		
13																			
14	权益性资本投资支付现金																		
15	其中：																		
16																			
17																			
18	厂房、基建、技改支付现金																		
19																			
20																			
21	购置固定资产支付现金																		
22																			
23																			
24																			
25	现金流出小计																		
26	投资活动现金净流量																		

填表说明：本表由各单位和总部负责投资归口管理的部门填报，其中的固定资产、基建技改预算须单独编制。

201×年固定资产、基建技改预算表

编制单位：　　金额单位：元

序号	项目名称及内容描述	项目总金额	预算年度支出	第一季度				第二季度				第三季度				第四季度			
				1月	2月	3月	小计	4月	5月	6月	小计	7月	8月	9月	小计	10月	11月	12月	小计
1																			
2																			
3																			
4																			
5																			
6																			
7																			
8																			
9																			
10																			
11																			
12																			
13																			
14																			
15																			
16																			
17																			
18																			
19																			
20																			
21																			
22																			
23																			
24																			
25																			
项目投资合计																			

填表说明：本表由各单位和总部负责固定资产、基建技改的管理归口部门填报，"项目总金额"为该项目投资总额，不一定在当年全部付款。

201×年产品销售收入预算表

编制单位：　　　　　　　　　　　　　　　　　　　　　　　　　数量单位：台　金额单位：元

产品名称/型号规格	销售期间	本年预算		上年同期		同比增长		单台含税价格	第一季度									第二季度									第三季度									第四季度								
									1月		2月		3月		小计			4月		5月		6月		小计			7月		8月		9月		小计			10月		11月		12月		小计	
		销量	销售额	销量	销售额	销量	销售额		销量	销售额	销量	销售额	销量	销售额	销量	销售额		销量	销售额	销量	销售额	销量	销售额	销量	销售额		销量	销售额	销量	销售额	销量	销售额	销量	销售额		销量	销售额	销量	销售额	销量	销售额	销量	销售额
产品销售合计																																											
预计收回货款																																											

填表说明：
1. "产品名称/型号规格"栏应按产品类别进行分类；
2. "单台含税价格"栏参考201×年实际单价和201×年产品定价策略填写；
3. "销售额"指含税销售收入。

201×年销售成本预算表

编制单位：　　　金额单位：元

生产期间		单台成本预算				第一季度								第二季度								第三季度								第四季度							
产品类别	预计全年成本（含税）	直接材料	直接人工	制造费用	小计	1月		2月		3月		小计		4月		5月		6月		小计		7月		8月		9月		小计		10月		11月		12月		小计	
	实际成本					销量	成本	销量	成本	销量	成本	销量	成本	销量	成本	销量	成本	销量	成本	销量	成本	销量	成本	销量	成本	销量	成本	销量	成本	销量	成本	销量	成本	销量	成本	销量	成本
生产合计																																					

填表说明：本表由生产部门负责填报，财务部门配合提供直接人工和制造费用数据；单台产品材料成本根据产品配置表取得，并按最新材料采购价格计算成本。

201×年制造费用预算表

编制单位：　　金额单位：元

序号	费用项目	费用性质	上年同期		同比增长	第一季度				第二季度				第三季度				第四季度			
			同期金额 1—9月实际	10—12月预计		1月	2月	3月	小计	4月	5月	6月	小计	7月	8月	9月	小计	10月	11月	12月	小计
1	工资	变动费用																			
2	年终奖（分月预提）	变动费用																			
3	福利费	固定费用																			
4	社会保险费	固定费用																			
5	住房公积金	固定费用																			
6	补贴性费用	固定费用																			
7	组织活动费	变动费用																			
8	差旅费	固定费用																			
9	办公费																				
10	电脑耗材																				
11	低值易耗品																				
12	电话费																				
13	邮寄费																				
14	运输费																				
15	水电费																				
16	修理费																				
17	会务费																				
18	招待费																				
19	培训费																				
20																					
21																					
22																					
23																					
	制造费用合计																				
	减：非付现费用																				
	现金支出合计																				

填表说明：
1. 本表由生产部门根据生产计划及本部门费用需求计算列；
2. 费用项目可根据实际情况自行更改；
3. 区分固定费用和变动费用，以便预算平衡和执行对比；
4. 若有需说明事项，请另用附表说明。

201×年其他业务利润预算表

编制单位：　　　　　　　　　　　　　　　　　　　　　　　　　　　　　　　　　　金额单位：元

序号	项目名称	项目分类	上年同期 1—9月实际	上年同期 10—12月预计	同比增长	第一季度				第二季度				第三季度				第四季度			
						1月	2月	3月	小计	4月	5月	6月	小计	7月	8月	9月	小计	10月	11月	12月	小计
1		其他业务收入																			
		其他业务支出																			
		其他业务利润																			
2		其他业务收入																			
		其他业务支出																			
		其他业务利润																			
3		其他业务收入																			
		其他业务支出																			
		其他业务利润																			
4		其他业务收入																			
		其他业务支出																			
		其他业务利润																			
5		其他业务收入																			
		其他业务支出																			
		其他业务利润																			
6		其他业务收入																			
		其他业务支出																			
		其他业务利润																			
7		其他业务收入																			
		其他业务支出																			
		其他业务利润																			
其他业务合计		其他业务收入																			
		其他业务支出																			
		其他业务利润																			

其他业务收支预算依据陈述：

201×年营业外收支预算表

编制单位: 金额单位: 元

序号	项目名称	本年预算	第一季度				第二季度				第三季度				第四季度			
			1月	2月	3月	小计	4月	5月	6月	小计	7月	8月	9月	小计	10月	11月	12月	小计
1																		
2																		
3																		
4																		
5																		
6																		
营业外收入合计																		
减: 非付现费用																		
现金收入合计																		

营业外收入预算依据陈述:

序号	项目名称	本年预算	第一季度				第二季度				第三季度				第四季度			
			1月	2月	3月	小计	4月	5月	6月	小计	7月	8月	9月	小计	10月	11月	12月	小计
1																		
2																		
3																		
4																		
5																		
6																		
营业外支出合计																		
减: 非付现费用																		
现金支出合计																		

营业外支出预算依据陈述:

编制: 审核: 审批: 日期: 年 月 日

201×年管理费用预算表

编制单位： 金额单位：元

序号	费用项目	费用性质	本年预算	上年同期		10—12月预计	同比增长	第一季度				第二季度				第三季度				第四季度			
				同期金额 1—9月实际				1月	2月	3月	小计	4月	5月	6月	小计	7月	8月	9月	小计	10月	11月	12月	小计
1	工资	变动费用																					
2	年终奖	变动费用																					
3	福利费	固定费用																					
4	社会保险费	固定费用																					
5	住房公积金	固定费用																					
6	补贴性费用																						
7	组织活动费																						
8	差旅费																						
9	办公费																						
10	电脑耗材																						
11	低值易耗品																						
12	电话费																						
13	邮寄费																						
14	运输费																						
15	水电费																						
16	修理费																						
17	会务费																						
18	招待费																						
19	培训费																						
20	咨询费																						
21	招聘费																						
22	诉讼费																						
23	汽车费用																						
24	工会会费																						
25	行业会费																						
26	软件网络费																						
27	公告费																						
28	广告宣传费																						
29	排污绿化费																						
30	折旧费																						

（续表）

序号	费用项目	费用性质	本年预算	上年同期		同比增长	第一季度				第二季度				第三季度				第四季度			
				同期金额 1—9月实际	10—12月预计		1月	2月	3月	小计	4月	5月	6月	小计	7月	8月	9月	小计	10月	11月	12月	小计
31	资源使用费/租赁																					
32	各项税金																					
33																						
34																						
35																						
36																						
37																						
38																						
39																						
40																						
41																						
42																						
43	管理费用合计																					
44	减：非付现费用																					
45	现金支出合计																					

填表说明：
1. 本表由生产部门根据生产计划及本部门费用需求计算填列；
2. 费用项目可根据实际情况自行更改；
3. 区分固定费用和变动费用，以便预算平衡和执行行对比；
4. 本表是"利润"预算表中管理费用的取数依据；
5. 若有需说明事项，请另用附表说明。

201×年销售费用预算表

编制单位：　　金额单位：元

序号	费用项目	费用性质	本年预算	上年同期			第一季度				第二季度				第三季度				第四季度			
				同期金额		同比增长	1月	2月	3月	小计	4月	5月	6月	小计	7月	8月	9月	小计	10月	11月	12月	小计
				1~9月实际	10~12月预计																	
1	工资	变动费用																				
2	年终奖	变动费用																				
3	福利费	固定费用																				
4	社会保险费	固定费用																				
5	住房公积金	固定费用																				
6	补贴性费用																					
7	组织活动费																					
8	差旅费																					
9	办公费																					
10	电脑耗材																					
11	低值易耗品																					
12	电话费																					
13	邮寄费																					
14	运输费																					
15	水电费																					
16	修理费																					
17	会务费																					
18	招待费																					
19	培训费																					
20	咨询费																					
21	招聘费																					
22	诉讼费																					
23	汽车费用																					
24	工会费用																					
25	行业会费																					
26	软件网络费																					
27	公告费																					
28	广告宣传费																					
29	排污绿化费																					
30	折旧费																					

(续表)

序号	费用项目	费用性质	本年预算	上年同期			第一季度				第二季度				第三季度				第四季度			
				同期金额		同比增长	1月	2月	3月	小计	4月	5月	6月	小计	7月	8月	9月	小计	10月	11月	12月	小计
				1—9月实际	10—12月预计																	
31	资源使用费/租赁																					
32	各项税金																					
33																						
34																						
35																						
36																						
37																						
38																						
39																						
40																						
41																						
42																						
43																						
44																						
45	销售费用合计																					
	减：非付现费用																					
	现金支出合计																					

填表说明：
1. 本表由生产部门根据生产计划及本部门费用需求计算填列；
2. 费用项目可根据实际情况自行更改；
3. 区分固定费用和变动费用，以便预算平衡和执行对比；
4. 本表是"利润"预算表中管理费用的取数依据；
5. 若有需说明事项，请另用附表说明。

201×年财务费用预算表

编制单位： 金额单位：元

序号	项目名称	本年预算	上年同期		同比增长	第一季度				第二季度				第三季度				第四季度			
			1—9月实际	10—12月预计		1月	2月	3月	小计	4月	5月	6月	小计	7月	8月	9月	小计	10月	11月	12月	小计
1	利息支出																				
2	贴息支出																				
3	手续费																				
4	利息收入																				
5																					
6																					
7																					
8																					
9																					
10																					
	财务费用合计																				
	减：非付现费用																				
	现金支出合计																				

财务费用预算依据陈述：

填表说明：
1. 本表由财务根据专业委员会提供的201×年度投资预算和融资预算为基础汇总编制；
2. 核算依据必须在陈述栏中填写清楚；
3. 本表是"利润"预算表中管理费用的取数依据。

201×年工资总额预算表

编制单位：　　　　　　　　　　　　　　　　　　　　　　　　　　　　　　　　　　　　　　金额单位：元

序号	部门名称	本年预算	上年同期	第一季度					第二季度					第三季度					第四季度			
				1月	2月	3月	小计	4月	5月	6月	小计	7月	8月	9月	小计	10月	11月	12月	小计
1																			
2																			
3																			
4																			
5																			
6																			
7																			
8																			
9																			
10																			
11																			

工资总额预算依据陈述：

编制：　　　　　　　　　　　　审核：　　　　　　　　　　　　审批：　　　　　　　　　　　　日期：　　年　月　日

填表说明：
1. 本表由人力资源部根据人员三定方案计算编制；
2. 本表作为财务部门划分管理费用、销售费用、制造费用、直接人工的依据，下同；
3. 预算依据陈述部分由各单位人力资源部门统一编报，若内容较多可另附文档说明。

201×年职工劳保/福利预算表

编制单位: 金额单位: 元

福利费项目	部门	全年平均人数	发放标准（元/人）	预算合计（元）	上年实际	按月分解福利费预算											
						1月	2月	3月	4月	5月	6月	7月	8月	9月	10月	11月	12月
春节福利	销售																
	生产																
	管理																
项目小计																	
中秋福利	销售																
	生产																
	管理																
项目小计																	
高温费	销售																
	生产																
	管理																
项目小计																	
部门小计	销售																
	生产																
	管理																
福利费合计																	

编制: 审核: 审批: 日期: 年 月 日

填表说明：
1. 福利费是指用于员工工作服、劳保用品、中餐补贴、高温补贴、冷饮费、医疗补贴、生活困难补助、节假日现金和食品（券）及纪念品、职工旅游等开支内容，不得遗漏。
2. 福利费由归口部门统一预算，并按部门进行分解。福利费部门预算明细表作为附件一并上报。上年数据由财务部门配合填列。
3. 部门作为分清制造费用、管理费用、销售费用的依据。项目不够时，可自行添加。

201×年社会保险费/住房公积金预算表

编制单位：　　　　　　　　　　　　　　　　　　　　　　　　　　　　　　　　　　　　　金额单位：元

预算项目	参保人数	平均基数	预算合计（元）	上年同期		同比增长	按月分解福利费预算											
				1—9月实际	10—12月实际		1月	2月	3月	4月	5月	6月	7月	8月	9月	10月	11月	12月
社会保险费																		
住房公积金																		

预算依据陈述：

编制：　　　　　　　　审核：　　　　　　　　审批：　　　　　　　　日期：　　年　　月　　日

填表说明：本表由人力资源部在工资规划的基础上依据费率计算填列。（养老保险金：　　医疗保险金：　　失业保险金：　　生育保险金：　　工伤保险金：　　门诊统筹费：　　合计：　　）

201×年办公费、电脑耗材、低值易耗品、邮寄费预算明细表

编制单位: 金额单位:元

序号	项目名称	预算合计（元）	上年实际	和上年比增减（%）	按月分解福利费预算											
					1月	2月	3月	4月	5月	6月	7月	8月	9月	10月	11月	12月
1	办公费															
2	电脑耗材															
3	低值易耗品															
4	邮寄费															
	费用合计															

办公费预算依据陈述:（办公费是指订书机、计算器、文件夹、签字笔、笔记本、固体胶、凭证印刷、购买发票等办公用具/办公用品上所发生的费用）

电脑耗材预算依据陈述:（电脑耗材是指复印纸、打印纸、墨盒、优盘、光盘、鼠标、光纤等购买支出及电脑、打印机、复印机所产生的修理费用等）

低值易耗品预算依据陈述:（低值易耗品是指财务上不作为固定资产核算的各种用具物品，如价值较低的工具、器具、文件柜、保险柜、普通办公桌椅等）

邮寄费预算依据陈述:

编制: 审核: 审批: 日期: 年 月 日

备注：上述预算依据陈述若内容较多，可另附陈述报告。

编制单位：　　　　　　　　　　　　　　　　　　　　　201×年组织活动费预算表　　　　　　　　　　　　　　　　　金额单位：元

序号	项目名称	预算合计	上年同期	第一季度				第二季度				第三季度				第四季度			
				1月	2月	3月	小计	4月	5月	6月	小计	7月	8月	9月	小计	10月	11月	12月	小计
1																			
2																			
3																			
4																			
5																			
6																			
7																			
8																			
9																			
10																			
组织活动费合计																			
组织活动费预算依据陈述（内容包括但不限于：事由/目的/人员/费用/活动方案等）																			

编制：　　　　　　　　　　审核：　　　　　　　　　　审批：　　　　　　　　　　日期：　　　年　月　日

填表说明：本表由各单位行政管理部门、总部各职能部门在系统策划201×年员工组织活动的基础上统一填报。

编制单位：　　　　　　　　　　　　　　　　　　　201×年电话费预算表　　　　　　　　　　　　　　　　　　金额单位：元

序号	部门	电话号码	本年预算	上年实际	同比增长	使用人员	预算依据陈述
1							
	部门小计						
2							
	部门小计						
3							
	部门小计						
4							
	部门小计						
	合计						

编制：　　　　　　　　审核：　　　　　　　　审批：　　　　　　　　日期：　年　月　日

填表说明：1. 该表由各部门按电话号码和使用人员分别编制，上年实际数据由财务部门配合提供；2. 预算依据陈述可另附文档详细说明；3. 在本表基础上可平均分解年度预算。

201×年员工差旅费预算明细表

编制单位： 　　　　　出差人员： 　　　　　　　　　　　　　　　　　　　　　　　　　　金额单位：元

月份	出差事由描述及费用预算陈述	预计出差天数	交通工具	预算合计	差旅费明细项目分解						上年实际
					交通费	住宿费	伙食补贴	交通补贴	通讯补贴	节约奖励	其他费用	
1												
2												
3												
4												
5												
6												
7												
8												
9												
10												
11												
12												
差旅费合计												

编制： 　　　　　审核： 　　　　　审批： 　　　　　日期： 　年 　月 　日

填表说明：1. 本表由出差人员在工作规划的基础上填写，部门汇总上报；2. 表中每月可填三项出差事项，若某月不够填写可增加行次；3. 若预算不准将导致报销程序复杂化。

201×年部门差旅费预算表

金额单位：元

编制单位：

序号	出差人员	本年预算	上年实际	和上年比较(%)	第一季度				第二季度				第三季度				第四季度			
					1月	2月	3月	小计	4月	5月	6月	小计	7月	8月	9月	小计	10月	11月	12月	小计
1																				
2																				
3																				
4																				
5																				
6																				
7																				
8																				
9																				
10																				
11																				
12																				
13																				
14																				
15																				
16																				
17																				
18																				
19																				
20																				
部门合计																				

审批： 审核： 编制： 日期： 年 月 日

填表说明：本表由各部门在《201×年员工差旅费预算明细表》的基础上汇总填报，作为201×年度本部门差旅费预算考评的依据，可另附文档详细陈述预算依据。

201×年个人招待费预算明细表

编制单位：　　　金额单位：元

月份	上年实际	预算合计	业务招待费明细项目预算分解							
			餐饮		娱乐		送礼		其他	
			金额	招待事由及预算依据	金额	招待事由及预算依据	金额	招待事由及预算依据	金额	招待事由及预算依据
1										
2										
3										
4										
5										
6										
7										
8										
9										
10										
11										
12										
合计										

审批：　　　　　　　　　　　　　　　审核：　　　　　　　　　　　　　　　编制：　　　　　　　　　　　　　　　日期：　　年　月　日

填表说明：

1. 本表由招待费人本人在全年工作同密规划的基础上填写；2. 表中每月可填三项招待事项，若不够填写可增加行次；3. 销售部门的招待费根据招待费提成政策，按比例计算；应以个人为单位单独编制招待费预算，在此基础上汇总编制部门招待费预算。

201×年部门招待费预算明细表

编制单位： 金额单位：元

月份	上年实际	预算合计	业务招待费明细项目预算分解							
			餐饮		娱乐		送礼		其他	
			招待事由及预算依据	金额	招待事由及预算依据	金额	招待事由及预算依据	金额	招待事由及预算依据	金额
1										
2										
3										
4										
5										
6										
7										
8										
9										
10										
11										
12										
合计										

业务招待费预算陈述

审核： 编制：

审批： 日期： 年 月 日

201×年汽车费用预算明细表

车牌号：　　　　使用部门：　　　　使用人：　　　　　　　　　金额单位：元

期间	合计	保险费	年检费	养路费	汽油费	通行费	维修保养费	停车费	统交卡	扣除结算收回	其他
							按费用项目进行分解				
上年实际											
本年预算											
1月											
2月											
3月											
4月											
5月											
6月											
7月											
8月											
9月											
10月											
11月											
12月											

审批：　　　　　　审核：　　　　　　编制：　　　　　　日期：　　年　月　日

填表说明：1. 本表按车牌号编制，由汽车使用人员在全年工作规划的基础上认真填写，上年实际数据由财务配合提供；
2. 若有表中未列明的费用项目请在"其他"栏空白栏的后续空白栏上增添项目。

201×年汽车费用预算表

编制单位：　　　　　　　　　　　　　　　　　　　　　　　　　　　　　　　　　　金额单位：元

序号	车牌号	车辆类型	使用部门	上年同期	本年预算	1月	2月	3月	4月	5月	6月	7月	8月	9月	10月	11月	12月
1																	
2																	
3																	
4																	
5																	
6																	
7																	
8																	
9																	
10																	
11																	
合计																	

审批：　　　　　　　审核：　　　　　　　编制：　　　　　　　日期：　　年　月　日

填表说明：本表由车辆管理部门或财务部门在《201×年汽车费用预算明细表》的基础上汇总编制，相关数据应设置成从附表中自动取数，确保数据准确无误。

201×年会务费预算表

编制单位： 金额单位：元

时间安排	会务主要内容描述	会议天数	上年实际	预算合计	会务费明细项目分解							扣除结算收回	其他
					展位费	餐饮费	场租费	会场布置	奖励费	娱乐费	会务费		
1月													
2月													
3月													
4月													
5月													
6月													
7月													
8月													
9月													
10月													
11月													
12月													
会务费合计													

审批： 审核： 编制： 日期： 年 月 日

填表说明：1. 本表由会议组织人员在全年工作系统规划的基础上填写；
2. 对举办或参加供应商大会/经销商大会/大型年度费用费等展商较高的会议，还须提供单项会务费详细预算方案。

201×年广告宣传费预算表

编制单位：　　　　　　　　　　　　　　　　　　　　　　　　　　　　　　　　　　　　　　金额单位：元

时间安排	广告宣传费主要内容描述	上年实际	预算合计	广告宣传费明细项目分解					
				名片印刷	宣传画册	横幅	拱门	报刊印刷	媒体广告
1月									
2月									
3月									
4月									
5月									
6月									
7月									
8月									
9月									
10月									
11月									
12月									
广告宣传费合计									

审核：　　　　　　　　　　　　　　　　　　　　　　　编制：

审批：　　　　　　　　　　　　　　　　　　　　　　　日期：　　年　　月　　日

填表说明：1. 本表由负责广告宣传业务的人员在全年工作系统规划的基础上填写；
2. 对单项费用在1万元以上的广告宣传业务，还须提供单项费用详细预算方案。

201×年培训费/咨询费/招聘费/行业会费预算表

编制单位： 金额单位：元

序号	培训费项目内容描述	金额预算依据	时间安排	费用	序号	咨询费项目内容描述	金额预算依据	时间安排	费用
1					1				
2					2				
3					3				
4					4				
5					5				
6					6				
7					7				
8					8				
9					9				
10					10				
11					11				
12					12				
13					13				
14					14				
培训费合计					咨询费合计				

序号	招聘费项目内容描述	金额预算依据	时间安排	费用	序号	行业会费项目内容描述	金额预算依据	时间安排	费用
1					1				
2					2				
3					3				
4					4				
5					5				
6					6				
7					7				
8					8				
9					9				
10					10				
11					11				
12					12				
13					13				
14					14				
招聘费合计					行业会费合计				

审核： 编制： 日期： 年 月 日

审批：

填表说明：本表由职能部门在全面规划201×年相关工作的基础上汇总编制，若内容较多，可另附文档陈述，如培训计划、招聘计划等。

201×年修理费/软件网络费/公告费/诉讼费预算表

编制单位： 金额单位：元

序号	修理费项目内容描述（含检验检测等）	金额预算依据	时间安排	费用	序号	软件网络费项目内容描述	金额预算依据	时间安排	费用
1					1				
2					2				
3					3				
4					4				
5					5				
6					6				
7					7				
8					8				
9					9				
10					10				
11					11				
12					12				
13					13				
14					14				
修理费合计					软件网络费合计				

序号	公告费内容描述	金额预算依据	时间安排	费用	序号	诉讼费内容描述（含律师费用、法院费用）	金额预算依据	时间安排	费用
1					1				
2					2				
3					3				
4					4				
5					5				
6					6				
7					7				
8					8				
9					9				
10					10				
11					11				
12					12				
13					13				
14					14				
公告费合计					诉讼费合计				

审批： 审核： 编制： 日期： 年 月 日

填表说明：本表由职能归口部门在全面规划201×年相关工作的基础上汇总编制，若内容较多，可另附文档陈述，如大修理计划、诉讼计划等。

201×年水电费/工会费等费用预算表

编制单位：　　金额单位：元

序号	项目名称	本年预算	上年实际	和上年比较(%)	第一季度				第二季度				第三季度				第四季度			
					1月	2月	3月	小计	4月	5月	6月	小计	7月	8月	9月	小计	10月	11月	12月	小计
1	水电费																			
2	工会费																			
3	财产保险费																			
4	资产摊销费																			
5	资源使用费																			
6	补贴费用																			
7	排污绿化费																			
8	总裁预留基金																			
9																				
10																				
	费用合计																			
1	水电费预算依据陈述																			
2	工会费预算依据陈述																			
3	财产保险费预算依据陈述																			
4	资产摊销费预算依据陈述																			
5	资源使用费预算依据陈述																			
6	补贴性费用预算依据陈述																			
7	排污绿化费预算依据陈述																			
8	总裁预留基金预算依据陈述																			
9																				
10																				

编制：　　　　　　　　　　审核：　　　　　　　　　　审批：　　　　　　　　　　日期：　　　年　　月　　日

填表说明：本表由财务部门牵头，参照上年数据，由其他相关部门配合编制而成。

201×年税金预算表

编制单位：　　金额单位：元

序号	项目名称	本年预算	上年实际	第一季度				第二季度				第三季度				第四季度			
				1月	2月	3月	小计	4月	5月	6月	小计	7月	8月	9月	小计	10月	11月	12月	小计
1	城建税																		
2	教育费附加																		
3	房产税																		
4	车船使用税																		
5	土地使用税																		
6	契税																		
7	关税																		
8	印花税																		
9	水利上建设基金																		
10																			
11																			
12	费用中列支税金小计																		
13	增值税																		
14	企业所得税																		
15																			
16																			
17	税金合计																		
税金及附加预算依据陈述																			

编制：　　　　　　　　　　审核：　　　　　　　　　　审批：　　　　　　　　　　日期：　　年　月　日

预算目标、行动方案、资源需求分析表

预算目标					
工作事项					
完成标准					
责任部门		部门负责人		责任人	
方法措施					
实施步骤	步骤描述		完成标准		起止时间
资源需求	资源需求名	用途/目的	资源需求详细计算或分析依据		起止时间
预计产出	产出成果名	用途/目的	产出成果详细计算或分析依据		

第五节　组织答辩——保证预算编制环节的高质量

预算答辩会是预算管理过程中非常重要的一次会议，是专为总经理履行预算管理一把手的职责量身打造的。如何让预算责任人重视和掌握预算编制工作？如何让预算责任人全力支持和积极配合预算管理工作？如何保证预算编制质量？如何达到通过编制预算养成思考习惯、提高思考能力的目的？如何创新行动方案以保证目标得以实现？……所有这一切取决于一个关键控制节点——预算答辩。对部门负责人而言，明年企业还能不能交给你管，你的部长职位还能不能继续，就看你的行动方案和预算方案值不值得信任，能不能被接受。当然今后你是否会被委以更高的职位，这次会议也是个非常重要的面试和表现机会。

所以，建议每年年底，集中3～5天进行预算审核和答辩，公司所有领导、业务单元负责人、职能部门负责人参加，行动方案和预算金额说不清楚的预算就砍掉，预算答辩通不过的就换人，从而培育和强化良好的预算管理文化和氛围。

一、预算答辩过程中的陷阱

预算审核和预算答辩的时候，总公司一定要知道子公司会把利润藏在哪里。当然，如果你是子公司的财务经理，你也会不由自主地把利润隐藏起来，这也无可厚非，因为立场不同，利益不同。财务经理在子公司不得不保护和迁就总经理的利益，财务总监在总公司就必须有能力把子公司隐藏的利润给挖出来。经过几年的预算博弈，子公司和总公司信息逐渐趋向对称，博弈的结果趋向理性、客观。

图 3-21 列举了 8 种常见的隐藏利润的方法，实践当中隐藏利润的方法形形色色、丰富多彩，需要大家在预算博弈的过程中总结、提炼，做到心中有数。

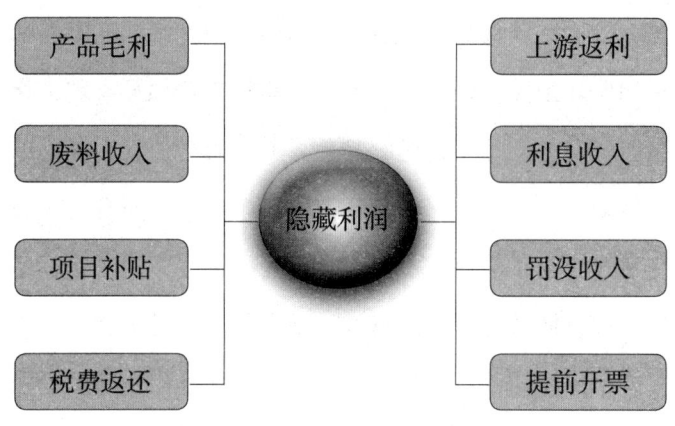

图 3-21　8 种利润隐藏方法

产品毛利对利润的影响最大，很多企业的成本核算、成本管理基础工作非常薄弱，费用分摊比较随意，产品结构也比较复杂，有保量产品，也有赚钱产品，等等。只要隐藏 1 个点的毛利，1 亿收入规模的企业就能隐藏 100 万元的利润。因此，必须加强对产品毛利预算编制的监督和分析。

提前开票这一招更加厉害。到了年底，一看完成销售收入目标还差 2000 万元，总经理授意销售部门弄一个合同，再授意财务部门提前开票，其实产品都还没生产出来，结果收入指标立即完成了，由此还产生了 300 万～500 万元的毛利，利润目标也顺利完成了。

资金流量比较大的企业，财务部门常常会进行一些理财的操作，比如承兑贴息、理财产品、基金、股票、汇兑损益、债券逆回购操作等，这些收益除了财务部门清楚，总经理和其他部门根本无从知晓。所以，预算答辩的时候，需要财务部门一一解释清楚。

公司除了主营业务产生的利润，还有各种渠道可能获利，包括其他业务利润、投资收益、质量索赔收入、废品废料收入、税费返还、项目补贴、罚没收入等，这里就不展开了。记住在预算审核和预算答辩的时候不要遗漏了。

案例 3-18

某公司正在推行阿米巴经营体模式，今年预算启动之前，计划将某一产品线的供应、技术、销售部门划为一个核算单元，人数15人，计划销售额5000万元，费用预算250万元，其中含人工性费用（包括工资、奖金、福利、社保、公积金等）、差旅费、招待费三项，其余暂不结算。预算答辩会上，大家觉得好像没什么问题。财务经理提问，该经营体投入和产出是如何挂钩的？该经营体负责人解释，拟与公司总经理签订目标责任书，产品毛利率28%以上的部分归经营体所有（上年该产品平均毛利率30%）。

请思考问题出在哪里。

* 费用预算250万元，意思是不管该经营体实际完成收入是多少，250万元的费用预算已经让他们可以做到旱涝保收了。固定预算应改为变动预算，投入和产出量化挂钩。

* 产品毛利率28%以上部分算经营体的超额利润，这种导向可能会导致产品毛利率较高但是制约销量增长，影响市场份额的拓展。

* 费用预算在人工性费用、差旅费、招待费三项上有分解，但必须明确三项费用之间不得自我调剂，杜绝费用收入化。

财务预算平衡建议：

费用预算总额 = 销售额 × 毛利率 × 20%（提成比例）

以产品毛利率作为衡量该经营体投入产出效率的关键指标，引导

> 其在扩大销售额的同时提高产品盈利能力，并以此保障该经营体的个人收入和费用开支。

总经理和财务经理在预算审核和预算答辩时，要练就一双火眼金睛。因为信息不对称，下面的人常常会设置一些陷阱，目的是保护他们的利益，最小化自己的风险，最大化自己的红包。

其实该公司的财务经理当初也未能发现问题出在哪里，但是他知道预算管理的精髓就在于投入产出效率，只要从这个角度来思考，很多问题都将迎刃而解。预算管理真的能改变每个人的心智模式和思维模式。

二、财务能否轻松驾驭预算审核进程

总经理和财务经理在履行预算审核的职责时，有一个指导原则必须遵守：预算审核可以并且必须参考历史数据，但是预算方案中这些事要不要做、如何做、打算花多少钱的最终判定标准，并不是去年做没做、去年花了多少钱，而是能否支持企业的战略规划和年度目标。

案例 3-19

如何审核销售部编制的笔记本电脑采购预算

编制预算的时候，子公司销售部上报购置 15 台笔记本电脑的 10 万元的采购预算。集团公司财务总监认为明年的固定资产预算已经够多了，不予同意。子公司总经理闻讯后打电话给财务总监，双方争执不下。最后子公司总经理撂下一句话："你们财务懂什么，我直接找总裁去！"结果，集团公司总裁还真同意了子公司销售部的笔记本电脑申购预算。

如果你是该公司的财务总监，你在预算审核上是否有更高明的做法呢？

首先思考：购买笔记本电脑和销售部实现它的目标有什么关联？没有直接关联，但是确实会有一定的影响：提高沟通效率、方便文案演示、改善公司形象、提高操作技能、完善基本办公设施……

然后变通：每个业务员完成半年度销售目标，奖励一台笔记本电脑；半年度销售目标没完成的，若年底完成了，年底兑现奖励。这个政策持续有效，直到每个业务员都奖励到电脑为止。也可以考虑年初一次性奖励15台电脑，年度目标没完成的业务员，从其提成中扣款。以后年度完成目标的，再退还给业务员。

控制成本：重量尽量轻，外观要时尚，质量要保证，配置可一般。一方面为销售着想，减轻携带负担，满足外观需求；另一方面为公司考虑，以标准配置或简单配置控制采购成本。

沟通策略：详细向子公司总经理和销售经理了解情况、目的和原因，初步形成自己的观点，再与总经理商量。商量不通时，主动向集团公司总裁汇报，不要坐等别人告黑状。沟通过程中，必须换位思考，体谅业务部门的难处，同时维护公司的利益。

财务负责人参与预算审核、预算平衡的四大策略如下：

1.预算审核和平衡的时候，财务部门可以"切一刀"，但是绝不可"一刀切"，不可盲目做刀斧手。切一刀的依据是预算数据背后的理由和依据。

2.财务负责人事先将所有的问题点列出清单，并附上自己的审核理由和审核建议，会议前下发资料并收集、汇总评委意见。

3.对于零基预算编制的项目，审核依据是预算数据背后的理由和依据，对业务路径和资源路径的合理性、有效性进行分析、判断。

4.对于增量预算编制的项目，要从投入产出效率角度审核，一是要求进行总额控制，二是注意减法是否到位，三是判断加法是否必要。

三、公司和各部门进行预算答辩的模板

预算答辩是预算编制阶段的最后一步，也是最关键的一步，能不能保证预算编制质量，就看总经理的这个预算答辩考官的表现了。

那么，如何设计公司和各职能部门的预算答辩模板？

（一）总经理预算答辩陈述要点

1. 总体说明：本预算年度总体经营计划和经营目标等。

2. 损益情况说明。

* 市场发展战略和竞争策略；

* 销售目标预测及可实现程度；

* 销售价格总体水平和竞争力度；

* 费用总额可控程度及控制重点；

* 利润率水平及风险控制。

3. 资产负债水平。

* 存货总额及库龄控制要求；

* 应收账款总额控制及结构改良；

* 固定资产总量控制及投放水平；

* 现金供给量及枯丰期准备；

* 负债压力和缓解途径。

对公司级的预算答辩，总经理可以委托财务负责人接受答辩，必要时由总经理做补充说明。总经理和财务负责人在预算答辩会上能够把上述问题——阐述清楚，就说明公司经营班子对明年目标的可实现程度进行了充分探讨，实现目标的业务路径和资源路径基本已经明确，预期的财务状况和经营成果基本有了保障。

（二）市场部预算答辩陈述要点

1. 宏观经济发展与行业空间预测；

2. 公司长远规划调整及经营规模制定；

3. 竞争对手市场分割手段预测；

4. 公司市场竞争方案设计及资源投入；

5. 公司形象宣传方案及资源需求；

6. 产品宣传方案及资源需求；

7. 市场预算 KPI 指标及考核办法；

8. 市场业绩奖励、考核措施。

（三）销售部预算答辩陈述要点

1. 行业成长空间预测；

2. 老客户成长推动预测；

3. 公司销售区域调整和销售手段改变；

4. 新客户的开发计划及措施；

5. 销售目标的确定及资源配置；

6. 销售预算 KPI 指标及考核办法；

7. 销售业绩奖励、考核措施。

（四）生产部预算答辩陈述要点

1. 生产能力成长空间预测；

2. 完工产品的安全存量预测；

3. 产品结构和排产计划；

4. 工艺调整的投入及回报测算；

5. 设备投入和内部报酬测算；

6. 直接成本降低目标和执行措施；

7. 可控费用的预算目标和下降空间；

8. 生产预算 KPI 指标及考核办法；

9. 生产业绩奖励、考核措施。

（五）采购部预算答辩陈述要点

1. 采购量和材料安全存量预测；

2. 主要原材料市场供求关系预测和价格走势；

3. 采购方式调整和供应商选择；

4. 主要原材料预算控制价格和执行措施；

5. 采购成本降低目标和资源需求；

6. 采购预算 KPI 指标及考核办法；

7. 采购业绩奖励、考核措施。

（六）技术部预算答辩陈述要点

1. 产品或服务核心价值构成；

2. 竞争产品的技术先进程度评价和差距；

3. 新技术和新产品研发计划及价值流向；

4. 新产品研发的资源需求和不确定因素；

5. 成本优化研发计划和资源需求预算；

6. 设计降成本目标的确定和实现措施；

7. 技术研发预算 KPI 指标及考核办法；

8. 成本优化研发预算 KPI 指标及考核办法；

9. 研发奖励措施。

（七）人力资源部预算答辩陈述要点

1. 组织架构调整及职能预期；

2. 职工岗位设定和用工数量控制；

3. 岗位薪金市场价格评价及偏离；

4. 薪金调整预算方案；

5. 职工保险和福利方案及支出预算；

6. 人工总成本降低目标及实现方案；

7. 职工培训方案及支出预算；

8. 人力资源 KPI 指标及考核方案；

9. 人力资源奖励措施。

（八）财务部预算答辩陈述要点：

1. 经营业绩预算；

2. 运营规模安排及风险评价和准备；

3. 资金预算方案及资金风险防范措施；

4. 融资方案；

5. 非经营项目的预算及不确定因素准备；

6. 税负优化方案；

7. 资金优化方案及资金成本目标；

8. 可控费用降低目标及措施安排；

9. 财务 KPI 指标及考核方案；

10. 财务业绩奖励、考核措施。

04

全面预算管理的执行

第一节　预算控制

一、为什么日常费用报销根本管不住费用

财务部门通过执行费用报销管理办法为什么管不住费用呢？因为那已经是既成事实的事后管理了，对既成事实的管理是无效的管理。

案例 4-1

业务员小李有一个 500 万元的意向合同谈得差不多了。对方老板说："小伙子，我给了你这么大的一个订单，你应当请我吃顿饭吧。"两人一落座，客户就说："服务员，来两瓶茅台。"小李也知道自己单次报销的限额是 1000 元，本来想请客户喝伊力特的，现在既然客户开口了，也只好作罢。酒足饭饱去结账，小李傻眼了，账单 2500 元。第二天小李忐忑不安地去找销售经理签字。以下有三个选项，你们如果是小李的经理，会选择哪一项？

A. 能够理解，提醒业务员下回注意后，就签字同意；

B. 严格按照公司制度办事，不予批准；

C. 提笔签字，然后让业务员先报报看，如果会计不肯报销那就再说。

估计你选择 B 的可能性不大，因为你也是做业务出身，你对业务员的处境感同身受，很能理解业务员的苦衷，所以批准了。

选 A 的一般是刚刚坐上销售经理的位置的,斗争经验尚不够丰富,为人处世尚不够圆滑。多年做销售,经验丰富的人会选 C。他会说:"你先去财务那边报报看,如果他们不肯报你再跟我说,我去做工作。"小李此时就会对他的领导心存感激。结果财务果真不让小李报销。销售经理接着去找总经理,一番豪言壮语,总经理大笔一挥,签字同意。

销售经理这一关顺利通过了,这回轮到财务经理尴尬了。该怎么办?这里也有三个选项:

A. 按制度规定拒绝报销;

B. 只报销公司规定的部分,其余不报;

C. 要求业务员写个情况说明,再去找总经理审批。

选 A 或选 B 的财务经理大有人在,他们坚持原则,为公司把关认为这是一个财务人的底线。尤其是刚被提拔到财务经理或财务总监岗位上的人,他们深感责任重大,义无反顾地坚守财务管理制度。结果导致财务部门和业务部门矛盾尖锐,冲突不断。更可悲的是,他们得不到总经理的理解和支持,总经理责怪财务部门要么一管就死,要么一放就乱。

终于,有些财务人员在长期的对"敌"斗争中成长起来了,也变得圆滑起来。他们要求业务员对于超标情况写个情况说明,再让他去找总经理审批。长此以往,财务部门不知不觉间变成了傀儡。

这里有一个关键点财务做错了。超标后应该是业务员写好情况说明,财务首先判断该报还是不该报,要有自己的主张,然后由财务出面去找总经理最终决定报还是不报,而不是躲在幕后,让业务员自己去找总经理。

如果财务部门由于不太了解业务,实在难以判断,那么就主动、谦虚地向总经理请教这种情况该如何处理。在总经理的长期辅导下,财务负责人的能力素质就会迅速得到提升。

在这个案例中,最终是违背财务管理制度把 2500 元的费用给报

> 销了。究竟哪个环节出了问题？其实哪儿也没错。因为，既成事实的管理本来就是无效的。

二、预算控制的重要性和操作规则

我们提倡企业要进行预算控制。一般传统的企业尝试用费用报销管理的办法来管控费用，是不会有理想效果的，因为那是对既成事实的无效管理。预算控制为什么能够管住费用呢？因为它在你做事、花钱之前就参与进来了。降低成本、控制费用从来不是预算管理的主要目的，预算管理的主要目的是驱动经营管理者能力的提升，从而提高各个预算项目的投入产出效率，实现收入和利润目标，它是一种间接的方式，顺其自然地达到管控成本费用的目的。

* 在预算编制阶段，业务部门要重点思考业务路径和资源路径的合理性和有效性，财务负责人和总经理对其进行评审论证（事前控制）；

* 在预算执行阶段，在预算使用之前，业务部门要根据内外部环境变化和主客观条件变化重新对相关预算方案做一次评估，财务负责人和总经理进行审核审批（事中控制）；

* 在预算执行阶段，在预算使用之后，业务部门要定期（季度）根据预算和实际的差异进行分析、纠偏，财务负责人和总经理要对其预算管理绩效进行评价（事后控制）；

* 在事前、事中和事后控制的任何一个环节，业务部门和公司层面（由财务负责人和总经理代表）都会同时从不同的角度进行控制（双重控制）；

* 预算编制阶段通过预算答辩的形式提高投入产出效率，预算执行阶段通过预算分析和预算考评的形式提高投入产出效率，从而挤干隐藏在粗放管理中的水分（两道过滤）。

以上详细说明了预算管理是如何进行过程控制的。有时候大家总是认为是财务部门的管控能力有限，其实不是，而是他们没有被赋予合适的管理平台。当然，在传统的预算管理模式下，财务部门即使有预算平台也很难发挥管理的作用，很难进行价值控制。因为大部分企业的传统预算管理，功夫都使在预算编制上了。只要预算编制一完成，即大功告成，管理就结束了。预算基本上局限在一年一次的"事先算算"，很多情况下是对未来财务状况的预测。编制好的预算接下来就束之高阁、听之任之了。

我们理解的预算管理是以组织目标为导向，以动态业务为依托，以思考能力为前提，以过程控制为核心的，完全颠覆了传统预算的本质，财务负责人和总经理成为企业价值的控制者。财务的角色也能从"核算+监督"华丽转身为"核算+控制"。

预算控制，无论是事前、事中还是事后，都不能随心所欲，必须遵循一些控制原则。这里强调预算控制的四大原则，大家可以在今后的预算管理实践中去补充、完善。

1. 预算使用和批准分离。

这是最基本的内控原则，即不相容职务分离原则。不相容职务是指那些如果由一个人担任，既可能发生错误和舞弊行为，又可能掩盖其错误和弊端行为的职务。不相容职务分离的核心是"内部牵制"，它要求每项经济业务都要经过两个或两个以上的部门或人员的处理，使得单个人或部门的工作必须与其他人或部门的工作相一致或相联系，并受其监督和制约。例如会计和出纳岗位分离，采购的寻源、定价、下单、付款等业务不能由同一个人完成，等等。

预算的使用需要进行事前控制。由使用部门经办人提出申请，经所在部门负责人核准，报财务负责人审核通过后，最终报总经理审批同意，方可使用预算。

2. 自下而上的逐级审批。

一般企业的高层距离具体业务的环境和信息较远，规模越大的企业距离就越远，在客观上有时缺少独立判断的依据。企业不能要求总经理对公司发生的所有事情了然于胸，也不能强迫总经理对公司所有制度的条款了如指掌。所以通行的做法是，一般企业都会设置一个高层批准的保护机制，即财务负责人和总经理联签制度。联签制度的操作流程是，总经理只接受由财务负责人递交并审核通过的文件资料，任何个人不得越级直接报送总经理批准。可以想一下，一旦越级审批，保护机制的作用就荡然无存。总经理都同意了，财务负责人还能发表什么意见，还敢发表什么意见？

3. 事后控制的审批要点。

企业里很多参与审批的人常常对单据要如何审核、从何下手感到迷茫。从我多年的财务管理经验来看，审批要点把握住图 4-1 所列的 6 个要素就可以了。

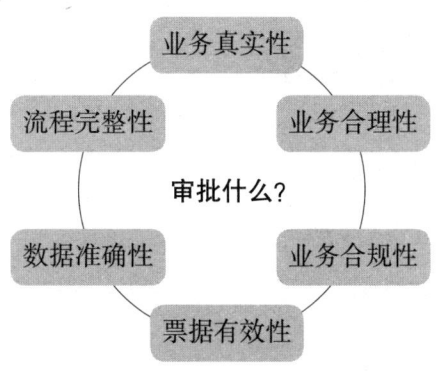

图 4-1 事后控制的审批要点

请问业务的真实性与合理性谁最清楚？当然是经办人了，所以第一个签字的应当是经办人。我们担心经办人可能会舞弊、会掩饰，所以追加他的部门负责人签字，为业务的真实性与合理性履行证明手续并承担责任。

这笔业务是否符合法律法规和公司制度规定、票据是否符合要求、金额是否准确，这三项的把关非财务不可，这也是联签制度的保护机制发挥作用的具体场合。所以，今后一旦发现问题，经办人对所有差错承担直接责任；部门负责人对业务的真实性、合理性承担管理责任；财务负责人对业务的真实性、合理性承担监督责任，对业务的合规性、票据的有效性、数据的准确性承担管理责任。

至于总经理，因为他很多时候远离具体业务，所以主要关注流程的完整性，从全局上掌控业务，并对前面签字的人员进行监控。

4.预算控制要兼顾效率。

预算的过程控制功能是公司的一种制度安排，必须考虑成本效益问题。它不是一块唐僧肉，企业的头头脑脑都要来啃一口，都要参与进来满足其行使权利的欲望。一般情况下4个人参与预算控制就可以了：经办人、部门负责人、财务负责人、总经理。

案例 4-2

一张出租车发票为什么要10个人签字

我在一家单位做管理咨询，有一个业务员找到我们，投诉他们公司的财务总监，说一张出租车发票二十多块钱，财务总监过了大半年时间才给他报出来，让他非常生气。

了解情况以后，我们大吃一惊。这家公司的老板为了防止舞弊，让大家相互牵制，一张发票上要求10个人签字：经办人、经办人还要找一个证明人、经办人的组长、科长、经理、财务经理、财务总监、经办人所在部门的副总、常务副总、总经理。

正与业务员聊着，常务副总过来了，业务员拉住常务副总说："李总就是第九个签字的人。"我们马上采访李总，签字时他在考虑啥。

> 李总说:"还能考虑啥?这张出租车发票业务真不真实、金额合不合理、票据对不对之类的,到我这里来,我哪清楚这么多啊?我就看前面有没有空格,空格都填满了,我就跟着填我的空。偶尔看到前面还有空格留着,我就要求他们回去把空填好了再来找我。"常务副总其实说的是大实话,也难为他了。可最终的结果就是常务副总光顾着填空了,既没有把住费用关,又牺牲了流程效率。

三、为什么预算控制的职责在财务部门

首先,预算行为是公司层面的管理控制行为。预算资源是公司的资源,不是各个职能部门的囊中之物。即使预算资源分配到了各个职能部门,也不是想用就用的,还要经过公司层面的预算控制,具体有三种控制方式:事前控制、授权控制和绩效控制。

其次,预算控制执行的是高层控制规则。预算管理追求的是对公司资源的优化配置和高效投入,本质就是管钱,通过管钱实现企业价值最大化、股东利润最大化的目标。因此,预算控制的第一责任人是总经理,第二责任人是财务负责人。总经理是预算管理的领导者和掌舵人,财务负责人是预算管理的组织者和操盘人。

最后,总经理和财务负责人不可能在预算管理和预算控制过程中事事亲力亲为,他们只是领导者和组织者,所以需要一个具体的机构帮他们承担和处理与预算相关的具体事务。预算管理的重点是管钱,管钱的分配效率、管钱的投入效率,而预算管理最终要量化为数据进行管控,所以财务部门很自然地承担了预算控制的具体事务,在预算管理中担当组织、协调、平衡、汇总等角色。财务机构本来有两大职能——核算与监督,现在实行预算管理了,财务部门就可以走进业务流程,核算的职能依旧,事后的监督职能转化为过程控制职能,财务部门自此可以成为企业价值的控制者和

利润目标的守护神。

财务部门在预算控制过程中的基本职责如下：

* 在预算启动阶段，起草预算管理制度草案、预算编制表单模板，培训预算编制方法，提供历史数据和相关信息，协助营造预算管理氛围等。

* 在预算编制阶段，组织各单位进行预算编制，协调解决相关问题；参与业务路径和资源路径的探讨，平衡审核预算草案；汇总编制财务预算，协助完成预算审批下发。

* 在预算执行阶段，代表企业承担预算的日常控制角色，执行预算管理制度，参与业务部门预算的执行、调整、分析、考评等过程，提供相关管理建议和意见。

四、如何打开财务负责人的预算控制死结

第一章曾经提过，一旦实行预算管理，财务负责人的能力短板会立即暴露无遗，不懂管理、不善沟通、不懂业务、不会配合，财务负责人就会面临三个财务控制死结：我怎么知道业务部门编制、调整预算的理由、依据是否合理？业务部门是一线，我哪有权力管他们？老板都会埋怨财务，进行预算控制要么一管就死，要么一放就乱。如何解决这些预算控制过程中的实际问题？下面和大家重点交流一下我们的思路和方法。

（一）心态：没有对错之分，只是角度不同

实行预算管理的企业，财务负责人必须牢牢记住这句话，并从心底里认同它。财务人员做账做久了，一般都会有职业病。比如记账就要遵循会计准则和会计制度，纳税就要符合税法规定和税务局要求，报销就要执行规章制度和财务规范，监督就要报告这个不行、那个不对……长此以往，

财务人员都很喜欢当判官，这个是对的，那个是错的；财务人员也很喜欢下结论，这个可以有，那个绝对不允许。其实，问题的根源在于财务人员完全站在了自己的角度想问题、做判断、下结论。业务部门为什么要这么做？人家为什么要调整预算？如果你是业务人员，又会怎么做？换位思考一下，你会发现他们的业务行为其实也是很有道理的。建议财务人员不要武断地下对与错、是与非的结论，否则在预算控制过程中特别容易产生冲突和矛盾，预算控制就变成了限制业务发展的紧箍咒。

比如销售来报销招待费，预算标准是1000元，结果他拿着2500元的票据来报销，财务通常会以不符合制度规定、违背预算要求等理由拒绝。那能不能改一下呢？先给他泡杯茶，坐下来聊一聊。他也知道自己超标了，但还是要求报销，他是出于什么考虑呢？在听的过程中，你会进入业务的场景，尝试理解业务的处境和困难，就会逐渐深入业务、了解业务，打开新思路。心态一改变，做法就改变了，不但问题能够得到圆满解决，业务能力也能得到迅速提升。

（二）理念：基于业务的动态预算

基于业务的动态预算，第一层意思是预算是为实现目标服务的，脱离目标的预算就是瞎扯淡，没有目标就不需要预算；第二层意思是预算是基于业务的，业务是动态变化的，预算要适应、迎合动态变化的业务。脱离了业务，预算也就失去了存在的依据。预算不能动态地反映、满足业务变化的需求，就是僵化的预算，就会限制业务发展，遏制业务创新。在这个理念的支配下，我们在预算控制上才有可能方法正确，否则预算控制就会背离实行预算管理的初衷。例如很多企业要求，制定的预算一年当中不许调整或半年才可调整一次，此类做法就完全违背了这个理念。请问，预算一年不许调整，难道外部环境就会因此而一年不变吗？明明察觉到竞争对手的打法有天翻地覆的变化了，我们却死死守住当初的营销手段、竞争策略和广告投入不做及时调整，这能行吗？

（三）方法：两难，兼顾，合理

首先，设置两难场景，促使大家养成思考的习惯。

任何人做任何事情其实都是两难的，我们一定能把它设置成两难场景，然后思考解决方案。比如财务坚持按预算管理制度办事，很可能就把业务管死了，所谓一管就死；一味顾及业务的立场，预算管理制度很可能就变成一纸空文，所谓一放就乱。财务分析会上把各个部门存在的问题当着老板的面说了一遍，各个部门的负责人都把你当敌人看，以后告你黑状，给你穿小鞋；你若怕得罪他们，轻描淡写地将各种问题一笔带过，结果是老板大发雷霆，认为你什么问题都发现不了。

接着，兼顾各方情形，驱动大家提高思考的能力。

有一次父亲对我说："儿子啊，今天天气还不错，陪我去散散步吧。"如果当时我没有设置两难场景，就会立即脱口而出："爸爸，我现在很忙，等我忙过这一阵子再说吧。"这就是简单的、鲁莽的本能反应。这么普普通通的一句话很可能就把老父亲给惹恼了："忙，我知道你忙，咱们家就你最忙了，难道我们都是闲得没事干的吗？还没有叫你做其他事情呢，只是陪我散个步就这样推三阻四的。"结果搞得大家都不愉快。我当时把它设置成了两难场景：陪老爸散步，今天的工作就泡汤了；不陪他散步，老爸很可能不高兴。两难场景一出来，我就要想方设法兼顾双方的情形："好的，爸爸。我记得已经很久没有陪您出去散步了。您稍等，我把手头的事情抓紧处理一下。"父亲问："多长时间你能处理好呢？"我说："我明天去北京讲课，PPT还要修改一下，估计差不多三个小时吧。"父亲接着说："好吧，既然你现在手头比较忙，散步你就不用陪我去了。"我赶紧说：

"不行,爸爸,今天我必须陪您老去走一走,我都有大半年的时间没陪您散步了。"父亲疼爱地说:"儿子,散步随时都可以去的,工作要紧,不过身体也要注意啊,不要弄得太晚了。"

最后,以合理为目的,检验两难场景的兼顾方案。

设置两难场景,兼顾各方情形,判断是否合理。兼顾方案合不合理有时是很难判断的,最关键的也是在这个地方,取决于你的能力和境界。给大家几个提醒:

1. 一看身份符不符。

如果财务负责人年纪很轻、阅历不多、能力不强、不懂业务,他向总经理或其他部门提建议就要慎重。因为他尚没有赢得大家足够的尊重和信赖,处于人微言轻阶段,最好对上相处以请教的方式,横向交流以商量的口吻,少提意见或建议。真有很好的点子或主意的时候,可以使用第二条借势借力。

2. 二看势头好不好。

财务负责人向总经理提建议,但是总经理常常不以为然,应付一下就过去了。为什么会这样?很有可能该负责人尚不得势、身份较低,或缺乏业务视角。这个时候就需要借势借力了,否则很难达到合理的结果。先想想公司里谁是总经理的红人,谁在总经理的心中一言九鼎,谁在公司德高望重,把好的建议先跟他们说,他们如果觉得很有道理,就会和总经理去提议,总经理很有可能立即采纳。

3. 三看时机对不对。

为什么中国人交流重大事情之前总会先寒暄一番,抽支烟或喝杯茶?其实就是利用对方比较放松的时候,探寻现在交流的时机对不对。假如你说今天天气不错,对方没好气地说:"什么天气不错,我简直都快闷死了。"那么,我劝你赶紧回去,你今天跟他交流什么话题都是比较困难的,他心情不好、情绪不对。如果他附和你说："嗯，天气真的非常好，外面阳光明媚，心情都很好呢。"你就知道，今天跟他交流预算控制的话题会是一个很好的时机。

4. 四看场合行不行。

2008年金融危机，我们公司的经营情况也不是太好。我在集团公司年度财务分析会上回顾一年以来的经营管理策略和掌控市场动态及成本费用控制等方面，不是这里有问题，就是那里欠考虑。结果董事长坐在下面越听越不是滋味，黑沉着脸，一言不发，后来干脆出去打电话了。边上有人一直在提醒我，可是我当时正说得眉飞色舞、唾沫四溅呢，根本没注意到周边的情况。这就叫场合不对。在这个场合，我说得越对越有道理，老板就越没面子越生气。

注意了，财务人员常常犯这种低级错误。有一次我在一家单位做管理咨询项目，咨询团队和老板正在一起聊事情，有一个下属过来跟老板汇报工作，老板把他骂了一顿。过了一会儿，财务经理也来汇报工作，同样被老板一顿臭骂。财务经理一出去我就问老板："第一个人进来显然说错话了，你骂他我能理解。可是刚才财务经理说得很有道理啊，你怎么也骂他呢？"老板说："就是因为他说得对我才骂他，因为他越对我就越没有面子。"哦，原来这位财务经理的错误在于，在不对的场合说了对的话。他不能当着咨询团队的面说老板的问题。

记住了，我们要以两难为起点，设置两难场景，经过充分思考，然后采取行动，以合理为结果。

（四）跨界：财务业务化，业财融合

实行预算管理了，第一季度刚一结束，销售部门说广告费希望从2000万元预算增加到5000万元。至于为什么要调整预算，销售总监跟我解释了大半天，我还是搞不明白该不该调整、应当调整多少、调整以后收入增加是否有相应保障……

刚开始进行预算控制的时候，我常常被类似业务问题搞得焦头烂额。没办法，只能向总经理去请教。有一次请教总经理后，总经理发话了："钱总，预算调整本来制度安排你先审核再报我审批的，你现在总是拿不出审核意见，你来请教我当然很好，但只能治标不能治本啊。我们来分析一下问题出在哪里，如何根治这一问题。"我说这很简单啊，问题就出在我不懂业务上。总经理说："嗯，问题的根源被你找到了，很好。今天既然说到了这个话题，咱们就坦诚相待，说得不对的地方你也别往心里去。我发现你经常坐在办公桌前一坐就是一整天，你有那么忙吗？你作为集团公司财务总监，手头应该没有太多具体事务的吧。尽量走出办公室，多跑市场和客户，多跑供应商，多跑职能部门和业务单元。这样你不懂业务的问题很快就能解决。"

想想也是，会计核算向管理会计转型早已是大势所趋、人心所向。如何转型呢？关键是两点：第一点是掌握管理会计的工具方法（练好武功），第二点是参与到业务流程的各个环节即业财融合（用武之地）。这样财务部门才能为企业创造价值。设想一下，一个不懂业务流程的财务总监如何把握关键控制点、如何控制风险？一个不了解产品构成（BOM 表）和生产常识的财务总监如何指导成本核算、成本控制？一个不熟悉 ERP 系统的财务总监如何开展业务分析，如何运用好大数据？一个不熟悉产品市场和供应市场的财务总监如何对销售和采购提建议？一个不懂工艺流程、不懂工序加工的财务总监如何赢得生产部门的信任和尊重？一个不懂绩效管理的财务总监如何驱动业务部门自动自发地管控资金、遵守制度？一个不懂战略管理的财务总监如何做到与老板保持一致、心灵相通？……

财务总监多跑供应商对公司的好处是显而易见的。采购员或采购经理和供应商价格谈不下来的时候，你以财务总监的身份出面，如果你恰好掌握一些谈判策略和沟通技巧，一般价格就能下降几个点。当然，遇到强势供应商，难度会大一点。多跑供应商就能多了解并设法满足他们的需求。比如说有供应商要周转贷款，正在为一笔500万元的过桥资金发愁，你可以帮他解决这个燃眉之急啊。因为应付账款显示你的账上还欠他们800万元呢，这样一调剂对你而言完全没有风险，对供应商而言却是雪中送炭啊。

多跑市场也是同样的道理。财务总监对市场上的主要客户走访一圈，回来对销售总监说："王总，这家客户销量很大，明年的市场预期会更好，他们的合作诚意非常高，十多年来一直是独家经销我们的产品，而且我查了一下，这家客户之前的付款记录非常好。我建议适当增加信用额度，帮助他们快速拓展市场。张总那家客户，你们最近要多关注一下，他们是不是遇到经营危机了。我发现他们把我们的产品放在最不引人注目的一个角落里，并且落满了灰尘。而且其他经销产品我看好像也卖不动，公司员工感觉都不在状态，尤其令人担心的是他们的股东一年内换了两次。"这样的财务总监，销售部门没有理由不喜欢。

（五）捷径：主动向总经理多请教多学习

财务总监遇到的业务上的问题，其实多半都不是什么大问题，主要还是财务不懂业务。

所以，在预算控制过程中，广告费会让我们茫然失措，研发经费让我们不知从何下手，如何突破销售业绩之类的问题又令我们抓耳挠腮。其实我们身边有一个"聚宝盆"，那就是总经理，所有这些业务上的问题几乎都能从总经理这里得到思路或答案，我们一定要把身边的这个资源用好用足。

财务总监向总经理请教业务学习业务，任何一位总经理都是非常高兴的，因为一是可以弥补财务的短板，二是用上了总经理的强项。你完全可以问他问答题，因为这是总经理最擅长的领域。但是给你一个良心的忠告：在财务专业领域，不要向总经理提问答题，只能出选择题，而且是多选题。设想一下，你对总经理说："老板，我发现咱们公司的税收负担实在是太重了，该怎么办呢？""老板，资金链快要崩断了，银行贷款明天就到期了，现在过桥资金还差3000万元，这该如何是好？"老板心想："你是财务专业人士，却来问我这些问题，我要你干什么？！"那你应该如何与总经理交流专业问题呢？你可以这样说："老板，我发现咱们公司的税收负担实在是太重了……对此我有三个解决方案，一是……，二是……，三是……。第一个方案的优点是……，缺点是……；第二个方案优缺点分别是……；第三个方案的优缺点分别是……。从财务专业角度而言，我倾向于第二方案，至于第二方案的缺点，我这里有三条补救措施……"你这样跟总经理交流专业问题，总经理最终一定会说"就按你说的办"，你就成功了。

第二节 预算审批

一、为什么有了预算，使用预算还要审批

实行预算管理的企业，由于大部分总经理和高管并不明白预算管理的原理和运行机制，所以预算管理在执行阶段常常出现乱七八糟的错误，或者根本就没有执行阶段，预算一编好就万事大吉了。我们公司实行预算管理的第一年也犯过类似的错误。到了10月，销售总监找上门来说："钱总，

销售部门的招待费预算已经用完了,我了解过,你们财务部门还有60多万元的结余,能不能借给我50万元的招待费预算指标,明年年初抢预算的时候我把这个因素考虑进去,然后明年加倍还给你们,你看如何?"很多企业的高管都是像这位销售总监这样理解的。预算一编好,公司资源这块蛋糕就被分解到了各个职能部门,至于我分到的这块蛋糕怎么吃、给谁吃,那是我的事情,只要不超标,公司就管不着也不应该管。

前面反复强调过,预算是公司的理性行为,而不是职能部门的为所欲为;预算资源是公司的有限资源,不是职能部门的囊中之物。

所以,大家必须明白一个道理:预算资源不等于必须投入的资源,预算使用之前是需要经过审批程序的(见图4-2)。

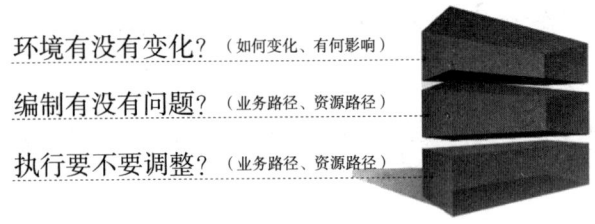

图4-2 使用预算为何要审批

预算编制好了,并不代表大家对明年的一切已全盘掌控,只是一个预测。预算是基于业务的动态预算,业务是随时随地在不断变化的。所以,要执行预算的时候,需要围绕目标再一次思考:

* 环境有没有变化?如何变化?对目标有何影响?

* 当初预算编制有没有问题?业务路径和资源路径有没有可能进一步优化?有没有新的思路、新的创意、新的方案?

* 预算执行阶段要不要根据内外部环境变化和主客观条件影响,对业务路径和资源路径做出必要的调整?

先批准后实施,其实就是发挥预算的过程控制作用。为了提高预算控制效率，过程控制当然需要遵循重要性原则：对于金额较大或性质重要的预算项目，使用之前要求填写预算使用申请单，事先报经公司批准后才能执行；对于金额不大、性质不重要，而且职能部门能够自我管控住的费用项目，授权给职能部门负责人进行总额控制，一旦超过总额，不追加预算，不报销超支费用。对于金额不大、性质不重要，但是职能部门难以自主控制的项目，实行绩效控制，授权事先使用，但是事后必须根据偏差结果，要求说明原因，提出改进方案，并据此进行绩效评价。

二、"两抢预算"完全违背了预算管理的初衷

本章第一节和大家交流过一个观点：费用报销管不住费用，因为这是事后对既成事实的无效管理。所以，很多人就想通过加强事前管理来控制成本费用。思路不错，但是方法不当的话，仍然达不到想要的结果。

案例 4-3

还是案例 4-1 中的那个业务员，他又签了一个 500 万元的意向合同，照样要请对方老板喝酒表示庆祝和感谢，对方老板也指定服务员上两瓶茅台。唯一不同的是，公司改变管理策略了，将事后费用报销控制提前到事前审批。业务员这时突然想起来了，还没向领导申请招待客户呢。于是按住两瓶茅台，对服务员说："等会儿再开，我先上趟厕所。"业务员其实也没去厕所，他跑到外面打电话请示领导去了。业务员请示领导的结果选项：

A. 不允许喝茅台；

B. 可以喝，但不要喝太多；

C. 改喝二锅头。

如果你是业务员的领导,你会选择哪一项?说是有三个选项,其实真的没得选,只能选 B。如果你告诉业务员不许喝茅台或改喝二锅头,这笔业务很有可能泡汤了,然后你质问业务员怎么回事,业务员跟你说:"领导,就是你不让喝茅台啊,所以只能改喝二锅头了,没想到这个老板夹着个包就一去不回头了。"

当你告诉业务员可以喝茅台的时候,他蹦蹦跳跳地回到餐桌前,打开茅台酒,说今天要喝个痛快。酒足饭饱,一结账,还是 2500 元。这就是事前请示的结果。这种请示实际上就是把领导顶到墙角上,不批也得批。

很多企业都流行招待前审批的管理规定,这其实就是一纸空文,没有什么实质性的意义。

也有很多企业在事后报销端殚精竭虑:请客户吃饭,陪酒的不能超过多少人;按级别规定每人每餐标准;酒桌上不能要香烟;报销时要求附上菜单甚至拍照片……

好吧,终于有人提议,通过实行预算管理达到控制费用的目的。这回思路对了,但是如果方法不对,照样达不到管控费用的目的。预算管理不当最容易出现的问题是,年初抢指标,年末抢花钱。预算不但没有起到控制费用的目的,反而成为诱导费用扩张的手段。

案例 4-4

眼看到年底了,预算编制又提上了议事日程,不仅财务部门,其他各部门都加快了执行预算的脚步。某公司生产部的李部长和小马正为今年的预算犯愁。小马汇报说:"今天突击花掉 56789 元,离预算还差 34567 元。"李部长提示:"上周总部开会要求预算结余不得结转到下一年度。"小马犯了难:"这能行吗?这些钱是咱们生产部一年到头省下来的,结余作废了,明年哪还会批这么多预算?"李部长灵机一动:"这么办,下半个月想办法花掉这些钱,留下几百元就行了。这样兄弟们不至于吃亏,而且明年的预算也不至于滑坡。"这就是生产部门的年末抢花钱的状况。

再来看 IT 部门。年年都难做的预算工作,也让一些公司的普通员工头疼不已,你瞧这位网友的留言:"单位每年都会给我们 IT 部门拨款几百万元,作为整个集团的信息技术建设费用。今年的预算用得差不多了,剩下的钱买了 50 台扣肉机,但是现在还剩下每人 1500 元~2000 元的预算没用完,领导要我找一下有趣的和工作多少能扯上一点关系的东西,最好要 1500 元左右,超过 1800 元就要打报告,很麻烦。想来想去我都不知道买啥好,很多东西都已经有了,移动硬盘刚刚换的,光驱、刻录机单位用 2 个、家里 2 个,优盘每年都会换 2~3 次,多到可以给远房亲戚用。手机之类的可以考虑,但是 1500 元好像买不到什么好的啊……我们的原则是要么都买一样的,要么别买。想来想去不知道买什么,就只好上来请教大家了。"

再来看一个完整的年初抢指标、年末抢花钱的案例。

预算管理的第一步是报预算。去年你的部门的招待费花了 40 万元,明年任务增长 20%,招待费预算你准备报多少?

A. 60 万元; B. 80 万元; C. 30 万元。

根据我对学员的调查,80% 以上的学员会选择 B,因为大家经过多年预算管理的磨炼,该学的没学会,但几乎都学会了这一招——"头戴三尺帽,任你砍一刀"。你本意是 60 万元,如果直接亮出底牌,领导还是会认为你一定藏着掖着,而且他不砍你一刀就非常不爽,结果这一刀下来直接就把头给砍掉了。你不会这么傻乎乎地迎头让他砍,你不但提防着总经理的那一刀,也防备着财务经理的那一刀。所以,你选择报 80 万元,最终的预算结果一般是 60 万元，皆大欢喜。这就是年初抢指标的典型现象。

1 月—10 月招待费一共花了 30 万元，还有 30 万元预算。你知道通常人们对剩下的 30 万元是什么态度吗？

A. 全部花掉，一分不剩；

B. 花掉 10 万元，留下 20 万元；

C. 花掉 40 万元。

选择 B 的后果是，今年花钱不爽，明年还面临着降指标的危险。一般的业务员会选择 A：今年的指标没有浪费，明年抢指标也有一个好的基数。做成精的业务员会选择 C，他会跟老板汇报："老板，我就说 60 万元的预算不够嘛，您看到年底我超标了 10 万元。不过我坚决拥护咱们公司的预算管理，这超标的 10 万元我自掏腰包（其实他也没掏腰包，只是多开了一张 10 万元的发票而已），我希望老板明年定招待费预算的时候考虑一下这个因素，谢谢老板。"

看见没有，现在预算管理变成什么了？"两抢预算"：年初抢指标，年末抢花钱。

问题出在哪里？究竟该怎么解决？

其实，只要预算管理的编制方法和执行策略正确，"两抢预算"根本就没有生存的土壤。

* 在预算理念方面，预算管理是为了实现企业目标和部门目标，在有限资源的约束下，驱动大家在做事、花钱的方式方法上创新，提高效率。"两抢预算"和预算管理的宗旨背道而驰。

* 在预算编制阶段，我们强调预算是为目标服务的，是基于业务的。预算不仅仅是一串数据，更重要的是数据背后的理由（业务路径）和依据（资源路径）：为什么要做这些事？怎么做事？为什么要花这些钱？怎么花钱？如果没有理由和依据，只是参照历史数据编制出来的预算，只能在历史数据的基础上打折，而不能乘以 1.0 以上的系数。即使采用增量预算法编制预算，也要求先做减法再做加法，至于如何做减法，有具体的程序和规定。所以，预算编制阶段大家没有办法抢预算。

* 在预算执行阶段，预算的使用是要进行控制的，控制方式包括事前审批、授权控制和绩效控制。就算年初你把预算指标抢过来了也没有意义，因为在花钱阶段仍然会受控制。尤其是金额较大的项目和性质重要的项目，使用之前必须根据内外部环境的变化和主客观条件的影响，重新进行自我审视：为什么做这些事？为什么花这些钱？并报财务负责人审核、总经理审批。

* 在预算执行阶段，我们一直要求变动费用尽量和收入挂钩或和人数挂钩，如果业务部门的上述招待费按照销售收入的一定比例提成，"两抢指标"行为会立刻消失得无影无踪。

* 在预算执行阶段，如果因为抢指标导致预算结余，如果发现有抢花钱的行为，在预算分析和预算考评环节是要进行预算绩效评价的，对抢指标和抢花钱的行为要做出严肃处理。

三、如何设计预算审批单并改造以前的单据

对于金额较大的项目或性质比较重要的项目，在预算执行阶段应当进行事前控制，使用预算之前必须填写预算使用申请单，即资源申请必须文本化，口说无凭，立此为据（见图 4-3）。

预算申请部门		申请项目名称	
具体业务行为			
预算申请日期		预计使用日期	
原定预算金额		预计使用金额	
申请理由（若单页不够说明，必须附上行动方案，注明业务和相关的资源路径）：			
1. 为什么要做这件事？ 2. 为什么是现在来做？ 3. 为什么是这个金额？ 　　　　　　　　　　　　申请人：　　　部门负责人：			
预算总经理意见： 　　　　　　　　　　　签名：　　　日期：　年　月　日			
财务总经理意见： 　　　　　　　　　　　签名：　　　日期：　年　月　日			
总经理审批： 　　　　　　　　　　　签名：　　　日期：　年　月　日			

图 4-3　预算使用申请单模板

预算使用申请单的三大控制要素说明如下：

* 谁花钱，谁证明。业务部门是预算的执行者，是预算的使用者，所以他们需要证明花钱的理由和依据。

* 3W 判断标准。需要从三个方面进行判断：一是为什么要做这件事？如何做更有效率？二是为什么要花这笔钱？如何花更有效率？三是为什么是现在这个时间节点来使用预算？

* 双重渠道证明。经办人和业务部门负责人是预算的执行者和使用者，他们需要从业务角度证明做事花钱的理由和依据；财务负责人和总经理代表公司，须从管理角度审核论证业务提出的需求是否合理有效。

实行预算管理之前的企业，对一些比较重要的费用项目，比如机器设备采购、工资及奖金发放、年终奖发放方案、广告促销活动方案、经销商会议计划等，也会以申请单的形式事先报批。实行预算管理以后，没必要在填报预算使用申请单的同时填报之前的那些专业申请单，可以用预算管理的要求去嫁接之前的各类申请单，不用重复填报预算使用申请单。

也就是说，预算管理不是对原有管理体系的颠覆，而需要背靠原有管理体系，并在此基础上进行改善和提升，需要用预算管理的视角和要求去对原有的管理体系做一次系统的梳理和修订。

四、容易出问题的敏感性资产要做预算吗

办公用资产有的属于个人消费型，比如汽车、笔记本、摄影机、照相机、镜头、投影仪、移动硬盘、优盘等，这类资产无疑是敏感性资产。有的集团公司在做年度预算时，明令下属单位不许筹划敏感性资产的预算，此类资产的采购须一事一议，单独报总部审批。

你怎么看？

敏感性资产是指管理上稍一疏忽就很容易被个人据为己有的资产。所以有些公司不许对这类资产做预算，管理者担心，一做预算，这部分资产就不可控了。这种想法看上去很有道理，可是仔细一想，这种管理方法完全是不懂预算管理的产物。

如果对敏感性资产不做预算，是不是违背了预算管理的全面控制原则？全面控制原则是指，只要是公司的资源，只要能用货币计量，就要纳入预算管理的范畴。是不是也违背了唯一控制原则？实行预算管理的企业，只有预算内管理，没有预算外管理，敏感性事项不许做预算，立即就变成了预算外管理事项。

之前说过的道理这里不再重复,我们从其他角度再帮助大家理解一下预算管理。

上述敏感性资产在会计核算上其实分为两类:一类是直接进入费用,影响利润的,如移动硬盘、优盘;还有一类是形成固定资产,通过折旧影响利润的,如汽车。如果对上述敏感性资产不做预算,会影响利润预算和资金预算的准确性和可实现性,敏感性资产一旦发生,利润预算和资金预算就会产生缺口,而如何弥补这些缺口,之前并没有相应的预案。

值得注意的是,预算编制必须和公司战略保持一致。敏感性资产一般不会形成公司的差异化能力,对必备能力的帮助也不是太大,更多与基本能力甚至多余能力密切相关。所以,对于敏感性资产的预算编制和实际投入应当从紧从严控制。

至于担心一旦有了预算就不可控了,这完全是多余的。因为在预算编制阶段,把敏感性资产纳入预算,需要足够的理由和依据,并不是想当然地想要多少就编多少预算。在预算执行阶段,完全可以把敏感性资产按照金额大小或性质重要性进行归类,纳入事前控制范围,使用敏感性预算项目必须事先填报预算使用申请单,一事一议单独报批。

除了在预算编制和预算执行上按以上思路进行操作和管控,在日常管控上还需要采取一些措施。比如对敏感性资产建立台账管理,人员调动或离职将敏感性资产移交作为前置条件,等等。

第三节 预算调整

一、传统的预算调整原则为什么害人不浅

传统的预算调整原则是，下达的预算一般不予调整，以保证预算的严肃性或刚性。

有些企业觉得一年都不许调整预算实在有点说不过去，于是允许年中调整一次。

调整预算需要满足一定的基本条件：

* 市场环境、经营条件、组织机构、政策法规等发生重大变化；
* 不可抗力致使预算编制基础不再成立；
* 客观条件变化导致预算执行结果出现重大偏差。

2016年12月，国家财政部发布的《预算管理应用指引》征求意见稿第二十七条规定：企业经批准下达的预算应保持稳定，由于客观因素导致预算执行发生重大差异确需调整预算的，应明确预算调整的条件、主体、权限和程序等事宜。

2017年10月，财政部正式下发的《预算管理应用指引》第二十四条规定：年度预算经批准后，原则上不做调整。企业应在制度中严格明确预算调整的条件、主体、权限和程序等事宜，当内外战略环境发生重大变化或突发重大事件等，导致预算编制的基本假设发生重大变化时，可进行预算调整。

上述三个方面集中代表了业界过去和现在对预算调整的理解及操作指南。我们刚推行预算管理的时候，也是严格按照上述要求来规范预算调整程序的，可是在实践中处处碰壁，财务在和业务的争斗中处处被动，总是被业务搞得灰头土脸。

案例 4-5

某一年的 10 月，销售副总来找我，他说，销售部门当初编制预算的时候，他自己疏忽了，忘记向秘书交代一件重要事情。因为公司要求当年投放市场的新产品销售收入要占全年收入总额的 20% 以上，他准备在销售一部、二部、三部、四部的基础上成立销售五部，人员编制上将有较大幅度的增长。结果，这个新部门的预算没有编进去。国庆节回来上班，发现销售部门几乎所有的项目预算费用都不够了。他说："钱总，在预算编制阶段出现的低级错误是我们的问题，我们愿意接受公司的考评。同时，也请公司批准我们本次提出的一揽子预算调整计划。"

当年的预算管理制度规定，7 月份可调整一次预算。我就问销售副总 7 月份为什么不提出来调整预算？他说当时还没发现这个问题。我跟他讲，现在是 10 月份，已经过了预算调整的窗口期没法调了。

销售副总索性一屁股坐下来，摆出一副非调整预算不可的姿态。

我把预算管理制度拿出来，如果符合预算调整的有关规定，当然可以调，如果不符合呢，自然不能调。"是因为市场环境、经营条件、组织机构、政策法规等发生重大变化了需要调整预算吗？"销售副总说："这条靠不上。""还是因为不可抗力致使预算编制基础不再成立了？""跟这条也没关系。""那是因为客观条件变化导致预算执行结果出现重大偏差喽？"销售副总盯着这条看了半天，然后说："这一条我们要好好研究研究。如果本次预算调整不通过，一定会导致预算执行结果出现重大偏差。"我提醒他："你是因为客观条件变化导致的吗？"销售副总说："该死的预算管理制度，怎么就把它界定为客观条件变化呢？如果修改为主客观条件变化那就符合了嘛！"我说："在预算管理制度被修改之前，只能严格按现行制度执行。"销售副总也急了:"你们财务部门闭门造车,一点也不体谅业务的苦衷,跟你好说歹说就是不听,简直是钢板一块,不进油盐、不懂变通。不跟你多费口舌了,我找老板去!"

10分钟后,老板电话过来了:"钱总,你来一下我办公室。"我知道大事不好,被销售副总告状了。老板说:"李总为预算调整的事情找过你了吧。"我说:"他们那是预算编制的主观差错,不符合预算管理制度的调整条件,所以我没同意他调整预算。"老板说:"那好吧,我们一起来看看预算管理制度的调整条件是怎么设定的。"老板一看,就跳了起来:"钱总,这个预算调整条件你是从哪里抄来的呀!怎么能这样规定预算调整的条件呢?这样不是要害死业务吗?"这下子被老板说中了,我真是从书本上、培训师那里照抄照搬的,因为这样的预算调整条件如同常识,每家企业都这么做,每个人都这么认为。我心里发虚,不敢顶撞老板,只好说:"老板,这个预算管理制度最终是由您审批下发的呀。"老板说:"我以为你在把关我就放心了,当初我没有一条一条仔细研究过,谁想到里面到处都是坑啊。回去赶紧组织力量将预算管理制度做一次全面修订,对照这次李总提出调整预算的真实场景,一定要体现出预算是为目标服务的,是基于动态业务的预算宗旨,不能让预算成为卡业务脖子的紧箍咒。"

错误的预算调整程序让我们在实际操作中苦不堪言,吃力不讨好。那次冲突下来,我们就把预算调整程序修改成以下条款:

* 因价格性、政策性的变化,公司预算管理办公室有权马上审批;
* 涉及金额较大的调整事项,通过董事会或总经理特批;
* 常规性的预算调整,按照正常流程,一年调整一次。

二、新的预算调整原则为什么能收放自如

随着我们对全面预算管理的理解逐渐深入,我们不断地进行思路的调

整和方法的改进，终于出台了新的预算调整原则：预算可以随时随地随人随事进行调整！

这个预算调整原则一公布，意料之中的是，立即受到业务部门的热烈欢迎。意料之外的是，后院起火了，预算经理提出辞职不干了。问他为什么，他说："坚守制度，坚持原则，是财务人员的本分，是财务人员的底线。这条原则一出，我们的日常预算管理工作就全部乱套了，可以设想的是，接下来下面天天打报告，上面天天调预算，预算跟着报告跑。"

预算可以随时随地随人随事进行调整，这是第一个原则。还有第二个原则作为补充：业务部门可以随意申请，但是管理部门绝不可以随意审批，同时评价预算管理业绩。双管齐下，预算经理的担忧就可以消除了，公司就能在预算调整上真正做到收放自如。

预算是基于业务的动态预算，而不是定期预算。业务部门身处一线，只有他们才能听得见枪炮声，只有他们才能及时捕捉到信息，感知到变化。他们针对内外部环境变化和主客观条件影响，及时判断是否需要调整预算资源以满足业务的动态需求和快速反应。所以，他们可以不受任何限制，随时随地随人随事提出需求。这是基于动态业务的"放"的阶段。这是业务自由判断的权利体现，是发挥业务主观能动性的地方，管理部门绝对不能指手画脚，横加干涉，限制业务。否则，僵化的预算管理必将束缚业务的发展，成为业务前行的羁绊，使企业丧失创新的机能，失去竞争的机遇。

预算是公司的行为，预算资源是公司的资源，必须经过管理部门的审批。这是基于预算过程控制的"收"的阶段。同时为了保证预算的编制质量，必须评价预算管理业绩，否则业务部门认为反正到时要花钱是可以通过预算调整来实现的，预算编制时敷衍了事、马马虎虎，那就达不到预算编制阶段提升能力素质的目的了。

我们鼓励业务部门能够敏锐地发现变化、掌控变化，从而及时在资源投入上进行调整和支持。业务部门要详细说明环境是如何变化的，环境的变化是如何影响业务的开展的；财务负责人和总经理代表公司进行审核、批准。公司在判断预算调整的必要性时，还要做一个管理判断：当初预算编制有没有问题？如果预算编制有问题，要对编制质量追溯责任；如果预算编制没有问题，确实是环境变化所致，就要对业务部门把控环境变化而快速反应的能力和行为进行激励。

调整预算必须按规定填报预算调整申请单，即预算调整申请必须文本化，口说无凭，立此为据（见图4-4）。预算调整申请单未经批准，一律不得调整预算。

申请部门		申请项目	
申请日期		转出项目	
调整性质	转换□ 追加□ 新增□	调整金额	
申请理由（若理由和证据不充分，或逻辑不成立，不得调整预算）：			
1. 相对于年初做预算时，外部因素是如何变化的？			
2. 外部因素变动是如何影响相关业务的？影响程度如何？			
3. 预算调整或增加是不是实现组织目标所必需的？是否有利于目标？			
		申请人： 部门负责人：	
预算经理意见：			
		签名： 日期： 年 月 日	
财务总监审核：			
		签名： 日期： 年 月 日	
总经理审批：			
		签名： 日期： 年 月 日	

图4-4 预算调整申请单模板

预算在执行阶段根据使用金额大小或性质重要程度，分为三种控制方式：事前控制、总额控制和绩效控制。与此相对应的：

* 实行事前控制的预算项目，按照重要性原则，属于公司重点控制的项目。所以，该类项目预算调整的时候，必须填报预算调整申请单。

* 实行总额控制的预算项目，本身不许调整预算，不许突破预算报销。

* 实行绩效控制的预算项目，授权先使用后进行绩效评价，同总额控制一样，事前既不需填报预算使用申请单，也不需填报预算调整申请单。

三、各科目之间费用预算可以张冠李戴吗

由于去年会议费开支较大，而且会议效果也不明显，公司要求对今年的会议费做重点控制。今天人力资源部经理找到你，要求电话费减少预算5万元，用于增加会议费开支。

你的意见如何？

第一，鼓励进行项目之间的预算调整。

预算调整一共有三种情况。第一种是新增调整，是指年初没有做这个项目的预算，现在从无到有要开展这个项目了，需要匹配相应的预算资源。第二种是追加调整，是指年初做了这个项目的预算，但是在执行过程中发现预算不够用，需要追加一定的额度。第三种是项目间调整，是指A项目的预算金额减下来调整至B项目上去。三种预算调整方式，哪些会影响利润目标的实现，哪些对利润目标没有影响？显然是项目间的调整不会影响利润目标的实现，而新增调整和追加调整，必然会影响利润目标的实现。所以，从这个角度来说，我们提倡预算调整首先考虑项目间调整，鼓励以内部挖潜的方式，消化预算调整对实现利润目标的负面影响。

第二，要求按预算调整程序规范调整。

一旦鼓励项目间调整，大家就会担心：某个部门一看招待费不够用了，

就从广告费、差旅费等项目调一部分过来。下次某个部门负责人认为工资太低了，就从其他费用科目调一部分过来给大家发奖金……如此一来，管理不就乱成一锅粥了？当然，我们绝对不允许各部门打着预算调整的旗号私底下胡作非为。项目的调整必须遵循公司规定的预算调整程序，书面填报预算调整申请单，按组织程序进行审核和批准。

第三，规范的预算调整程序建议如下：

首先判断增加会议费预算是否必须。今年公司将会议费列作重点控制对象，所以任何部门要增加会议费的预算，公司一定会重点关注并从严控制。但是也不能说重点控制会议费了，就绝对不允许增加会议费开支。因为预算服务于目标，预算基于动态业务，业务有变化、有需求，预算就有必要进行相应调整。业务部门首先要按照预算调整要求的三个方面详细说明为什么要增加会议费预算。

接着公司判断如何评价会议费预算业绩。如果不同意增加会议费预算，一般就不必进行后续的会议费预算管理责任评价。如果同意增加会议费预算，那么，必须评价会议费的预算编制质量是否需要追溯责任，同时，必须判断会议费的预算调整行为是否需要给予激励。如果是因为预算编制时主观原因出现的差错或疏忽导致少编、漏编会议费预算，那就需要追究预算编制责任；如果是因为环境变化导致非增加会议费预算不可，那就需要激励预算调整行为。至于具体如何评价预算管理业绩，请参考本章最后一节预算考评的相关内容。

最后判断如何评价电话费预算业绩。既然业务部门主动提出减少某项费用预算，公司层面一般不会表示反对，但是电话费预算减少5万元，不一定想当然地就要鼓励或奖励业务部门，相反，他们可能会受到惩处。财务负责人和总经理必须分析和判断，电话费预算是如何减下来的。如果是因为当初抢指标，导致电话费预算编多了，那就要追溯预算编制责任；如果是因外部环境变化所致，比如运营机构下调收费标准等，那就不需承担管理责任；如果是因为管控方法改善了，比如减少了话机数量，减少了监控信息费和其他不合理费用的发生，引导采用其他沟通方式，等等，以至于实际发生的电话费减少了，那就要激励他们在电话费项目的预算执行效率。

总之，我们鼓励项目之间的预算调整，这样可以减少预算调整对实现利润目标带来的冲击，但是必须严格遵循预算管理制度规定的预算调整程序，对于预算增加项目和预算减少项目分别判断，结合绩效评价，具体问题具体分析。

四、预算调整影响利润目标的实现怎么办

因为预算调整会影响利润目标的实现，会影响预算资源的准备，会打乱工作计划的部署，所以很多企业在预算调整上设置很高的门槛，甚至扛着维护预算管理的严肃性和刚性的旗号，直接命令不许调整。为什么要调整预算？是因为业务有变化，业务有需求。所以不能因为调整预算有不利的一面就否定调整，拒绝调整，而要想办法弥补预算调整带来的负面影响。

第一，鼓励进行项目之间的调整。新增调整和追加调整都会影响利润目标的实现，只有项目之间调整对利润目标没有影响。所以，业务部门需要调整预算的时候，先要求他们从内部挖掘，减少某个或某几个项目的预算，从而弥补某个项目调增预算对利润的影响。

第二，在投入产出效率上做文章。如果预算调整影响了利润，必须要求业务部门说明如何弥补负面影响，并对自己的所作所为进行承诺。比如，广告费预算调整，如何通过销量的增长来弥补利润的损失，如何保证广告费的投放效果，如何创新广告费的投放路径；研发经费预算调整，如何提

升产品的盈利能力，如何拓展产品的获利空间，如何加快新产品投放市场的时间，新产品投放市场以后的营销方案和绩效政策等是否到位。

第三，考虑适当编制预备费预算。预备费预算也称机动预算，是指没有确定对象的资源需求，企业可以在利润目标范围内，允许各预算单元列入不确定因素较大的项目或支出，便于公司经营班子对各部门的不确定性风险事先有一定的准备和评估。预备费预算的金额不允许过大，能否成立和批准多少额度，取决于公司预算的最终平衡结果。预备费预算项目在实际投入时，必须由使用部门提出确定的理由和对象，经预算控制批准，方可投入。随着公司预算管理的逐渐成熟，预备费预算可逐渐减少直至退出。

第四，区分产出目标和投入目标。产出类目标一般是指销售收入目标和利润目标，投入类目标一般是指成本费用指标。不建议将产出类目标和绩效考核挂钩，也不建议频繁调整，可采取年中调整一次的做法（也许传统的预算调整原则本身只是针对产出类目标的）。投入类目标必须和绩效考核挂钩，必须采纳随时随地随人随事的调整申请策略。

五、为什么不建议企业实行滚动预算

2017年10月，国家财政部下发了《管理会计应用指引第201号——滚动预算》。滚动预算，是指企业根据上一期预算执行情况和新的预测结果，按既定的预算编制周期和滚动频率，对原有的预算方案进行调整和补充，逐期滚动，持续推进的预算编制方法。预算编制周期，是指每次预算编制所涵盖的时间跨度。滚动频率，是指调整和补充预算的时间间隔，一般以月度、季度、年度为单位。

实行滚动预算的理论依据是：

人们对未来的预测和规划具有"对近期的预计把握较大，对远期的预计把握较小"的特征。所以对计划安排要远略近详，并且随着时间的递进，不断对预算进行调整。

实行滚动预算的具体做法如下（见图4-5）：

每过一个季度（或月份，下同），立即根据前一个季度的预算执行情况，对以后季度进行修订并滚动增加一个季度的预算，预算期永远保持为12个月，预算更接近实际。

2017年滚动预算（1）					
第一季度详细预算			第二季度	第三季度	第四季度
1月	2月	3月	粗略预算	粗略预算	粗略预算

2017年滚动预算（2）					
第二季度详细预算			第三季度	第四季度	2018年第一季度
4月	5月	6月	粗略预算	粗略预算	规划预算

图4-5 滚动预算的编制模板

为什么在企业的预算管理实践中我们强烈反对实行滚动预算呢？

第一，实行滚动预算的企业一般以季度为滚动频率，每季度滚动编制和调整预算，实质上属于定期预算，而非动态预算，并不能实时或动态地应对内外部环境和主客观条件的变化。设想一下，销售部门敏锐地感知到了市场环境的剧烈变化和竞争对手在快速调整竞争策略，结果公司说，一个季度以后我们再来编制滚动预算，届时你们再提出预算调整的理由和依据。这是不是很荒谬？

第二，滚动预算要求每个季度编制一次滚动预算，请问由谁来编？由财务部门来编吗？那就立即变成了财务部门的数字游戏！由业务部门来编吗？要求业务部门一年编一次预算都不是一件容易的事情，更何况每个季度都要编一次预算呢？

第三，没有目标不要做计划，没有计划不要编预算，这是最基本的预算管理常识。编制滚动预算要保持预算期永远为 12 个月，今年一季度结束后，必须把明年一季度预算也纳入。可是，今年一季度结束时，明年的预算目标有没有确定？明年的预算目标有没有在各个职能部门之间进行分解？各个职能部门有没有按照时间主线在各个季度进行分解？有没有制定明年全年和明年一季度的具体行动方案？显然这一切在今年一季度结束时根本就没人去考虑。在既没有目标又没有计划的情况下，就动手编制明年一季度的预算，这不是数字游戏又是什么？

六、预算管理实践综合案例

案例 4-6

美国一家医药公司推出一种新药，市场潜力巨大，战略规划部门的预测显示，只要有足够的生产能力和营销支持，新药的推出将使公司的年收入提升 50%，利润增长 70%。可是，新药一上市，即告出师不利，原因在哪？

原来推出新药的战略目标在公司年度预算编制和执行过程中迷失了方向。

销售预算编制人员认为支持战略规划工作的同事们对新药的前景过于乐观，因此他们把销售预测削减了 50%，同时生产部门认为销售部的预测简直是白日做梦，他们又将预测数字打了对折，最后财务部门又将预算费用砍掉了一大块。

> 当产品推出时,战略规划人员要求新药具备的生产能力仅剩20%,而新药推出后6个月内,市场需求量猛增。但不幸的是,新药供应严重短缺,供求缺口高达4~5倍,导致该医药公司当年损失利润10亿美元。
>
> 这家医药公司在预算管理过程中存在哪些问题?

1. 目标制定环节的错误。

公司战略规划或经营计划必须由各业务部门负责人共同参与讨论制定,这是公司行为,不是某一个职能部门或个人的事情。

公司战略和目标的制定必须建立在资源和信息的综合平衡基础上,没有各业务部门负责人的参与,企业目标就失去了支持基础。

专业部门可以设置和参与战略规划,但其职能应当是参谋部,而不是制定者。

这个案例中,战略规划部门的建议没有上升到公司战略,大家都把战略规划部门的建议当作战略部门的一家之言,没有人认为那是公司的战略和目标。公司首先应召开一个战略研讨会,所有高管参加,由战略规划部门主导,阐述他们的市场调研成果和战略规划建议,销售、研发、生产、财务等职能部门一起参与,集思广益,群策群力,消除障碍,达成共识,最终以公司红头文件的形式下发公司战略及年度目标,即营业收入目标增长50%,利润同比增长70%,以此作为预算编制的起点,那么销售、生产和财务谁都无权砍一刀,谁也不敢砍一刀。

2. 预算编制环节的错误。

目标确定前,应当广开言路,集思广益。企业目标一旦确定,任何部门或个人都无权变动。

因此,包括销售和生产在内,所有部门在落实分解目标和预算编制过程中,不得自行变更企业目标。

除了利益相关的各业务部门，财务部门有时也摆不正自己的位置，打着企业利益的旗号，无端压制，变成了一味削减预算的"刀斧手"，而忽略了自己在预算编制过程中的组织和平衡作用。财务在预算审核的时候可以切一刀，切一刀是建立在数据背后的理由和依据上，绝不可以简单粗暴地一刀切。

3. 预算执行环节的错误。

该公司面临市场的真实需求，不去快速调整资源和能力的配置，只是简单地固守年初各部门确定的预算目标和计划，不会或不敢按业务需求及时地、动态地调整当初编制的预算。所以，我们反复强调，预算一定是基于业务的动态预算，业务变，预算立即跟着变，是预算跟着业务走，而不是业务跟着预算走。只要业务需要，预算就可以变，可以超；如果业务不需要，即使有预算，预算也不能动用。在这一点上稍不注意，预算就会变得僵化，就会限制业务，阻碍创新。

这是一个典型的预算管理实践案例，它不是预算管理的错，错在大家错误地理解预算管理，结果从下达目标、预算编制和预算执行上一错再错，花了10年时间研制的新药错失了市场机遇，给公司造成巨额损失。

第四节　预算分析

一、为什么要特别重视预算分析

建立预算监控和反馈机制的目的，并不是强制业务部门按照计划行事，而是促使其及时沟通和交流进展状况，集思广益，出谋划策，修正或改善行动方案，利用组织程序来为企业目标和部门目标的实现保驾护航。

预算分析，其实是一种监控与反馈机制：

* 预算编制时确定的行动方案，不一定被有效执行（执行问题）；

* 预算编制时确定的行动方案，不一定都是有效的（编制问题）；

* 当初的行动方案，在瞬息万变的环境下可能失效（环境影响）。

如果对预算分析怎么做和预算分析会怎么开没有具体的规定，预算分析环节就会流于形式，没有意义。

二、如何保证预算分析形式上和实质上都到位

案例 4-7

一个季度过去了，20××年4月8日，李总将财务部吴部长叫到办公室，请他对上季度公司的预算执行情况做一次全面分析，计划安排下周一召开预算分析会。吴部长临走前，总经理还问了他一个问题："销售部门的招待费为什么超预算那么多？"吴部长情急之下蹦出三个字："吃多了。"总经理非常生气："那么为什么生产部门的招待费又节约了呢？"吴部长小声嘟囔一句："生产部门很忙没时间去吃，所以节约了。"

这个时候不仅总经理很生气，吴部长也很恼火，他说："销售部门招待费为什么超标，不去问销售却来问财务，我又没有参与过销售部门的吃吃喝喝，不要说茅台，连喝二锅头的机会都没有。"吴部长有情绪，可以理解，但是他对预算分析的认识还有待提高。

预算分为两个层次：部门层次和公司层次。部门层次的预算分析一定

是各个职能部门或业务单元的负责人做的,这是他们的本分和职责。销售经理负责销售部门的预算执行和差异分析及后续整改,采购部门的预算分析自然由采购经理来完成,生产部长负责生产部门的预算分析。但是公司层次的汇总预算不是应该由财务经理来做吗?难道要总经理亲自上阵吗?

各个部门的预算分析没有提交上来,财务部吴部长要编制整个公司的汇总预算当然有困难,这叫作"巧妇难为无米之炊"。吴部长接着担心,各职能部门没这么听话,要求他们按时上报,结果他们拖拖拉拉或干脆不报,预算汇总分析到头来还是无源之水、无本之木啊。没有管理措施,指挥棒当然不灵。于是他建议在预算管理制度里加上一条:要求各职能部门每季度结束后,于次月5日前向财务部门上报预算分析报告,否则停止预算使用资格。

吴部长继续思考:这个方法好像只能保证各职能部门形式上将预算分析做起来,实质上恐怕没有太多意义。迫于管理压力,他们一般会报上来预算分析报告的,可是如果他们敷衍了事,应付交差,我们又该如何是好?这样的话,汇总预算分析也跟着失去了意义。

上述管理措施的本来目的就是保证部门层次的预算分析能够做起来。通过一段时间的运作,让各个部门负责人彻底明白,部门层次的预算分析报告是他们的管理职责,而不是财务部门找业务部门的麻烦,更不是财务部门在推卸责任。

那么,在保证预算分析形式上做起来的同时,如何保证预算分析实质上也到位呢?这个答案之前其实已经揭晓了:定期召开预算分析和预算考评会(合二为一即预算分析考评会),总经理亲自坐镇指挥,履行预算管理一把手的第三项职责——保证预算执行质量。

在预算分析考评会上,各预算单位在财务提供的预算执行信息通报的基础上,通过实际数据与预算数据的差异进行对比分析和执行进度分析,形成对本部门的经营现状、投入资源和管控能力的详细全面的认识，找出产生差距的原因，并提出相应的改进措施。总经理等公司经营层做考官，试问谁还敢糊弄、敷衍？

三、如何设计预算分析程序以保证分析质量

预算分析报告在形式上和实质上都做起来了还不够，还需要通过预算分析程序来明确具体的分析目标和分析要求，制定一个模板来规范预算分析的结构框架和具体内容。

（一）信息反馈

财务部门应及时准确地记录各预算单位的实际发生数和预算数，建立、健全预算分析报表跟踪体系和预警机制，并于每月 8 日前向公司领导和各预算单位负责人通报上月预算执行进度及差异情况，为各级管理者提供决策信息支持。在这里，财务的任务是信息通报，至于差异分析，则完全是各个职能部门自己的职责。

（二）差异分析

各预算单位在财务提供的预算执行通报的基础上，通过实际数据与预算数据的差异对比分析和执行进度分析，形成对本部门经营现状、投入资源和管控能力的全面详细的认识，找出产生差距的原因，并提出相应的改进措施。

具体按以下要求进行差异分析：

第一，总结上月改进措施的贯彻落实情况和效果。这是预算分析会议议程的第一项，先对上次会议纪要贯彻执行的结果和效果进行汇报与考评。

第二，评估上月工作任务完成情况，根据差异分析结果对预算执行工作的合理性和有效性进行业绩跟踪。综合历史数据、目前现状，以实际结果和预算的偏离为突破口，分析、评估预算执行工作是否令人满意，是否符合公司的要求；如工作不能令人满意，尚存在哪些问题。

第三，对发现的重大或主要问题进行深入分析，界定责任。找出影响预算目标的主要因素，并将其分解为内部因素和外部因素；确定发生问题的责任人是谁。

（三）改进方案

针对信息反馈和差异分析中发现的问题，预算责任人要提出相应的改进措施方法，以保证公司预算目标的顺利实现。

行动改进计划应包括以下主要内容：

* 改进事项；

* 改进时间；

* 完成改进方案后的预期结果；

* 行动改进措施。

行动改进计划可单独编写，也可作为预算分析报告的一部分一并上报。

（四）跟踪落实

通过对改进行动的跟踪、检查，将改进方案落实到行动上，实现持续、有效的改进，最终实现公司的预算目标。

* 预算控制部门负责对各预算单位上报的行动改进计划进行跟踪、监督和评估；

* 在下次预算分析报告中，由各预算单位汇报改进行动的结果和相应的奖惩情况。

预算分析程序中，财务部门抓两头：一是抓牵头，即信息披露。通报各预算单位预算数、实际数、差异数、同期数等（详见本节后附分析表单模板），至于差异分析、改进方案这些分析环节的重头戏，都是业务部门的职责。二是抓监督，即跟踪检查。监控业务部门的改进行动方案是否执行到位、执行效果如何、考评是否跟进等。财务一旦抓住两头，预算分析就能形成一个管理闭环。

预算分析考评会议是开展预算分析、预算纠偏、预算考评的日常保障机制，也是总经理履行预算评价的平台。如果企业没有将定期召开预算分析考评会纳入制度设计和组织保证，可以设想，记得开就开一回，忘记了就不开了；总经理在公司就开，总经理出差了就不用开了；形势好就不开了，形势不好把大家召集起来训斥一顿……这就是所谓的感性感觉管理。

当然，有些企业定期开会，但是也没有什么效果，为什么？因为太多的企业不会开会，开会变成了形式主义：会而不议，议而不决，决而不行。这是谁的责任？其实是总经理的责任。如何开好预算分析考评会，给大家三个建议：

1. 会议前：做大数据分析，找到偏差原因和改进措施。

很多企业问题就出在这一点上。有些企业开会前临时通知，大家一坐下来就互相打探今天开什么会，结果面面相觑，谁也不知道会议主题和会议议程，这种会纯粹是浪费时间，不开也罢。比如，按计划准备召开一季度预算分析考评会了，财务部门应事先将各部门的预算执行结果详细反馈给各预算责任人，把所有会议资料发给他们，要求他们在部门内部组织探讨，分析差异原因，寻找改进措施。这些事情会前不充分准备，会议中怎么可能指望预算责任人在短时间内找出原因找出方案？请注意，思考在会前，功夫在会前，集思广益，群策群力。

2. 会议中：重点汇报改进方案和资源需求。

会议中每个预算责任人的汇报时间规定在 10~30 分钟，要求重点汇报行动改进方案和资源申请需求，会议参与人尤其是公司经营班子针对这两点进行审核论证并提供建议。

3. 会议后：出会议纪要，跟踪落实，监督考评。

形成会议纪要马上下发，安排专人跟踪检查，监控各预算责任人的行动改进方案是否执行到位、执行效果如何、考评是否跟进等。

20××年利润预算执行差异分析表

编制单位：　　　　　　　　　　所属期间：　年　月　　　　　　　　　　　　　　　　　　　　　单位：万元

项目名称	本期差异				全年累计差异				差异分析
	预算	实际	上年同期	实际差异	同比差异	预算	实际	上年同期	实际差异	同比差异	
一、主营业务收入										
减：主营业务成本										
主营业务税金及附加										
二、主营业务利润										
加：其他业务利润										
减：营业费用										
管理费用										
财务费用										
三、营业利润										
加：投资收益										
补贴收入										
营业外收入										
减：营业外支出										
其他支出										
四、利润总额										
减：所得税										
五、净利润（亏损以"-"号填列）										

审核：　　　　　　　　　　　编制：　　　　　　　　　　　日期：　年　月　日

20××年管理费用预算执行差异分析表

编制单位：　　　　　所属期间：　年　月　　　　　　　　　　　　　　　　　　　　　　　　　　单位：万元

序号	项目名称	本期差异				全年累计差异				差异分析
		预算	实际	上年同期	实际差异	同比差异	预算	实际	上年同期	实际差异	同比差异	
1	工资											
2	福利费											
3	劳动保护费											
4	办公费											
5	差旅费											
6	水电费											
7	修理费											
8	邮寄费											
9	会务费											
10	运输费											
11	三包费											
12	公司电话费											
13	个人通讯费											
14	电脑耗材											
15	低值易耗品											
16	工会经费											
17	汽车费用											
18	业务招待费											
19	劳动保险费											
20	住房公积金											
21	财产保险费											
22	培训费											
23	咨询费											
24	诉讼费											
25	行业会费											
26	折旧费、无形资产摊销											
27	资源使用费、租赁费											
28	软件网络费											
29	检验检测费											
30	公告费											
31	广告宣传费											
32	业务宣传费											
33	退养工资											
34	排污绿化费											
35	招聘费用											
36	年终奖及年薪兑现											
37	总裁预留基金											
38	其他											
	管理费用合计											

审核：　　　　　　　　　　　　　　编制：　　　　　　　　　　　　　　日期：　年　月　日

第五节 预算考核

一、预算考核面临哪些困惑

下面用三个预算管理实践中的案例说明预算考核时要注意的四大原则:

1. 预算考核分为定量考核和定性考核,定量考核建议多在投入产出效率上做文章、多动脑筋,尽量量化,让数据说话。

2. 预算考核要兼顾内外部环境和主客观条件的变化。所谓"考核无理由、无借口"是简单粗暴的无能表现,势必挫伤被考核人的情绪和积极性。

3. 预算考核目标的制定必须因地制宜、协商一致,不可一刀切,要确保预算考核引导的方向符合公司的期望。

4. 预算考核跟人打交道,务必谨慎小心,要换位思考,达到双赢目的。

> **案例 4-8**
>
> #### 利润目标完成了但费用超预算怎么办
>
> 年终决算发现,销售费用已超出预算指标。销售部经理认为主要是销售收入超预算完成的结果,他认为只要我完成预算规定的利润目标,就不应管我的预算费用。
>
> 请问你的意见如何?

首先,从投入产出效率上考虑,尽量量化,让数据说话(见图 4-6)。

项目名称	预算数	实际数
销售收入（万元）	10000	12000
销售毛利率	20%	20%
销售毛利（万元）	2000	2400
销售费用（万元）	800	1200
销售费用率	8%	10%
销售利润（万元）	1200	1200
销售利润率	12%	10%

图 4-6 量化投入产出效率示意图

销售部认为费用超预算主要是销售收入超预算导致的。这位销售经理经过多年预算管理的熏陶，已经将预算管理的语言——投入产出效率牢记在心了，很好。但是因为没有将投入产出效率进行数据上的量化，我们不太容易判断结果是否真的如此。

图 4-6 把相关指标量化了。只要一量化，一眼就能看出问题出在哪里了。图中数据显示：销售收入预算 1 亿元，实际完成 1.2 亿元，销售收入确实超预算完成了。但是从销售费用率指标来看，预算指标是 8%，实际为 10%，销售费用的使用效率下降了，在收入增长的同时，费用增速更快。

为了减少考评环节的扯皮现象，在下达预算考核目标的时候，可以进一步量化，更加突出针对性。比如销售预算定量考核项目可以这样设置：

* 销售收入目标 1 亿元、利润目标 1.2 亿元，分别赋予一定权重；
* 为达到控制费用的目的，增设销售费用率指标 8%；
* 为达到控制应收账款的目的，还需增设有关指标；
* 如果业务部门能够掌控产品价格，那么还需增设销售毛利率指标 20%。

案例 4-9

对采购经理的预算考核结果是否合理

某公司采购部承担降低采购成本的预算目标是 2000 万元，完成指标，奖励采购团队 50 万元。到当年 9 月底已完成降本额度 1500 万元。10 月份开始，钢材市场一路涨价，到年底钢材采购价格上涨 25%，采购部无法完成采购降成本任务，全年只完成了 1200 万元。

采购部认为钢材涨价是不可控因素，考核时应该剔除，若剔除钢材涨价因素，采购实际完成降本 2100 万元。

你的意见如何？

企业实行预算管理以后，财务部门不管是愿意还是抗拒，不管是主动还是被动，都会深深地融入业务。以前绩效管理都是行政部门或人力资源部门的事情，现在预算管理和绩效管理相互支持、相互依赖，财务必然要介入绩效管理，在下达目标和目标值、过程监控、结果计算和绩效评价等环节发挥重要作用，甚至主导绩效管理进程。

这是我们在一家企业做管理咨询时发生的案例。他们的采购经理找到咨询顾问，希望顾问在这件事情上给他评评理。总经理对这件事情的处理其实也很慎重，召集财务经理和人力资源经理等相关领导开过一次专题会。会上大家意见也不统一，但是最终采纳了财务经理的意见。财务经理说："考核无理由、无借口，否则，开了这个先例，今后所有被考核人一旦完成得不理想，大家总能找出一堆理由和借口，找出一堆不可控事项和客观因素，绩效考核扯来扯去就变成了一笔糊涂账。既然年初承诺的降本指标是 2000 万元，最终的完成数据是 1200 万元，我们只管结果不问过程，显然预算目标没完成，奖励取消。"

公司在预算编制阶段,下达给采购部门一个关键指标,即采购成本降低 2000 万元。采购部门围绕这一降本指标,是不是应当马上组织人员探讨、制定行动方案?比如说他们一共制定了 8 个降本方案,预算合计降本 2000 万元。在预算答辩阶段,他们的降本方案也顺利通过了。一年当中,采购部门严格执行降本方案,年底经过测算和财务部门的逐一核实,8 个方案的执行结果是实际降本合计 2100 万元,并附上 2100 万元的计算依据和业务路径。

然后我们发现,8 个降本方案没有一条是跟钢材价格相关,他们不会指望老天保佑全年钢材价格下降,因为这不是他们努力的结果,也不在他们的能力控制范围内。同理,他们自然也不会把钢材涨价对降本方案的影响考虑在内。

需要注意的是,采购部门作为一个物料专业管理部门,应该对钢材市场等原材料市场和其他物料市场的价格走势具备一定的分析能力和判断能力。采购部门有没有把握住钢材市场的这一波上涨趋势?采购经理说:"我们的采购人员常常在一起探讨钢材市场的走势,也经常和同行、供应商一起交流,密切关注原材料市场的动态和讯息。我们为此专门向总经理以书面的形式详细汇报过,并且建议在资金许可的情况下多储备一些钢材。老板可能担心采购的判断不一定准确,可能认为办企业不是做期货,赌性不能太重,反正最终没有采纳采购部门的意见,这又能怪谁呢?"

所以,我们建议这家企业的总经理赶紧将资金兑现给采购团队,这么优秀的采购团队不能被错误的绩效管理决策给断送了。我们说采购团队优秀,其实还有一个因素的考虑:钢材价格一路上涨,导致很多主要由钢材构成的配套件的成本也涨上去了,在原材料涨价的环境中,采购部门实施当初的降本方案面临更多的困难,但他们最终顶住了供应商涨价的压力,实现了降本指标。

总之，预算考核不能单纯地拿预算数据和实际数据做比较，考核无借口、无理由是管理者无能的表现。在复杂情况下，有必要将当初的行动方案期望达成的结果和预算实际执行结果做对比，这样才不至于决策错误。

案例 4-10

子公司的预算考核指标设置是否合理

有学员单位反映，他们公司有二十多家销售子公司，其中广州公司的总经理是个公认的优秀销售人才，他带领的广州公司的销售业绩每年都名列前茅。后来为了开拓新市场、新区域，集团在重庆新成立了一家销售公司，便把这位总经理调了过去。他深感责任重大，决心不辱使命，工作中身先士卒，并注意对下属的激励和培养，带出了一个很好的团队。一年当中，他甚至没有休息过一天，可是一年下来，销售业绩排名垫底。集团公司总裁说："整个集团我最信任你，也最重用你，但是没办法，考评面前人人平等。"当初集团公司规定，考核不合格就要免职。

这个案例相对比较简单，我们需要引以为戒的是，预算考核目标的制定必须因地制宜、协商一致，不可一刀切，要确保预算考核引导的方向符合公司的战略和期望。

对于新成立的销售公司，显然不能将其和其他成熟的销售公司同等对待，不能把利润、销售额作为最主要的预算目标来考核新公司。对于重庆这家新公司而言，如果设定目标的时候用团队建设、渠道管理等预算指标来考核他们，结果就会天壤之别。

建立子公司最开始的战略目标应该是建好团队、拓展渠道、开发客户、塑造品牌，而不是心急火燎地要求销售收入和利润。

二、可以奖励预算节约额吗

实行预算管理的企业都会面临同样的问题：预算指标没用完，要不要部分奖励给业务部门？如果不奖励，也不允许递延到下一年度，估计业务部门就会突击花钱，把预算指标用完，也为明年抢指标打下基础。所以，很多企业会采纳对预算节约额发放奖金的方法。我们也曾经干过这种事情。

设想一下，预算管理制度规定，可将剩余预算的50%奖励给厉行节约的部门或个人，在这个政策导向下，业务部门会怎么做？只有把上有政策和下有对策两方面都想明白了，政策才能有效，政策的导向作用才能真正得以发挥。

比如销售部门全年招待费预算100万元，花掉了80万元，剩余20万元，按照政策规定可以拿到10万元的奖励。关键是，这个预算节约额从何而来？首先，年末该做的事情不做，是不是节约额就出来了？结果导致该招待的、该送礼的、该维护的客户不再花钱或推迟到明年再说。又比如到了年底，人力资源部门发现还有5万元的培训费没用完，两个培训项目还没做，这个时候为了拿奖励，就不安排培训了，或者找两个费用便宜的老师蒙混过关。奖励不做事情的或奖励做事打折扣的，这是不是很滑稽啊？其次，年初一门心思抢指标，节约额立即就有了保障。奖励年初抢指标的，这是不是很荒谬啊？

一开始我们也将奖励节约额写进了预算管理制度。但是两年下来，从来没有业务部门拿过这个奖励。后来终于明白了，财务自以为精确设计的制度条款，在业务部门看来简直如同儿戏。招待费节约20万元，可以申请拿10万元的奖励，但是明年公司一定砍他的预算。如果全部开票、全部花光呢，不是能拿到20万元吗？而且明年抢指标的时候不是也可以理直气壮吗？

所以，建议大家在预算考核时不要直接将奖励预算节约额的条款写进去，因为可能导致抢指标或不做事。但确实是因为业务部门在预算执行过程中能力有提升、方法有创新，这样得来的节约额要不要奖励呢？必须大奖特奖！这就是实行预算管理期望达到的结果啊。

比如说销售部门的广告费和业务宣传费，以前都是传统的投放方式，花钱多且效果不好。预算执行过程中，他们开阔眼界，切换思维，开始用互联网的方式，通过新媒体传播，效果非常好，广告宣传费和预算还降低了。

建议在预算管理制度里加一条款：鼓励业务部门就预算节约额申报奖励。业务部门申报奖励，需要按公司要求详细说明预算节约额的来源，公司根据他们的申请报告，将当年的行动方案和以往年度的逐条对比，就能判断出节约额是否源自思路的调整、方法的创新。

三、可以考核预算准确度吗

90%以上实行预算管理的企业会将预算准确率指标纳入绩效考核，几乎100%的企业都十分关注预算的准确性问题。考核预算准确度和奖励预算节约额有异曲同工之处，都会给企业造成始料不及的后果。

想想看被考核人要怎么做能提高预算准确度？如果年底预算有结余，比如说招待费预算50万元，花掉40万元，剩余10万元。但是你要考核我的预算准确度，此时只有80%，那么我干脆全部花完，预算准确度不就是100%了嘛！注意了，考核预算准确度，可能导致业务部门突击花钱。另外一种情况是预算结余，比如招待费预算50万元，年底50万元全部花完了，本来招待客人、维护关系之类的还需要再花20万元，但是因为要考核预算准确率指标，那么超支的20万元我就不敢花了，重要客人来了，我让他去吃食堂或者吃快餐，应该喝茅台的我让他喝矿泉水。这就带来了第二个问题：停止做事。

所以，考核预算准确度，可能导致两种错误的导向：预算若有结余则突击花钱，预算若不足则停止做事。突击花钱是可以预防和控制的，问题是若因预算不足而停止业务，管控起来就会很麻烦。

考核预算准确度，可能还会带来一个致命的问题：预算僵化，不敢根据环境变化及时调整预算。

如果预算编制做得很好，预算执行也很到位，不考虑预算调整因素，一般来说预算准确率就会比较高。但是我们鼓励和提倡业务部门根据内外部环境及主客观条件的变化，及时申请调增预算以应对变化。可是这样一来，实际数超过原来的预算数，在考核预算准确度指标面前他就犹豫不决了，或者为了确保预算考核绩效干脆放弃应对变化了。

所以，我认为考核预算准确度指标实在没有太大的意义，带来的毒副作用却是显而易见的——突击花钱，停止业务，预算僵化。

其实，预算准确度根本就不是我们追求的目标。

在预算编制阶段，我们追求的是，在有限资源约束下，通过行动方案的创新，来实现企业目标和部门目标。这个阶段根本没想过预算数和实际数的比较问题，因为实际数是一年以后的执行结果，一个未知数而已。

在预算执行阶段，我们追求的是，有没有严格执行当初制定的行动方案？有没有根据环境变化进行业务和资源两方面的需求调整判断？预算和实际的差异有没有分析清楚？改进行动方案是否到位、是否有效？这个阶段当然会关注实际数和预算数的差异，这是我们发现问题、分析问题、解决问题的源头和起点，只是我们应把注意力集中在预算差异分析上，而不是预算准确度上。一旦在预算准确度上聚焦，各种隐蔽的手段使得预算准确度显著提高，反而抹平了差异，掩盖了问题，失去了分析的起点和依据，后续改善就变成了一句空话。

只要我们在预算编制阶段和预算执行阶段所追求的目标实现了，预算准确度高不高根本就不重要。因为二者没有因果关系，相反，更多的是排斥关系。

预算编制时点和执行时点之间的时间差，决定了预算与实际之间充满变数和不确定性：内外部环境变化、主客观条件影响、思维改变、能力提升、经验增加等，所以编制预算时要在当初的背景下思考实现目标的业务路径和资源路径，执行时要在当下的背景下重新思考如何调整、优化业务路径和资源路径。

四、如何量化预算指标考核

预算管理的起点是战略管理，上接战略；预算管理的过程就是运营管理，即衔接运营；预算管理的终点是绩效管理，即下接绩效。所以，预算管理和绩效管理完全可以紧密结合，互为支持。预算管理为绩效管理提供能力保证和过程保障，绩效管理为预算管理解决动力机制和压力机制。

预算考核分为定量考核和定性考核两种方式，建议两种方式结合使用。这一部分内容讲的是定量考核。

如何选择定量指标，建议大家从投入产出效率角度进行思考，比如应收账款周转率、存货呆滞积压率、费用占收入比、产品毛利率、销售利润率、股东回报率、人均产值、人均劳动生产率、人均收入、人均工资、采购降本指标、研发降本指标等。

年初编制预算的时候，下达给各分/子公司、各业务单元、各职能部门的目标，其实就是预算考核的最佳指标。当然，不建议将产出类目标（销售收入目标、利润目标）和绩效考核挂钩，投入类目标必须和绩效管理挂钩。

预算定量考核有两种导向，传统做法的目的是传递管理压力，属于责任导向，即要求完成预算目标，完不成如何处罚。我们提倡的是激励导向，完成了如何激励。当然经营企业是有底线的，所以如果底线目标也未完成，是要接受处罚的。但是底线目标一般都能完成，不会给人太大的压力，这一机制希望传导的感受更多的是激励。至于具体如何操作，可以借鉴底线目标（100%把握）和进取目标（80%把握、20%风险）双重目标组合的做法（见图4-7）。

预算目标	底线目标	进取目标	绩效评价办法
净利润（万元）	2000	2500	未完成底线目标的，效益年薪按8折发放；连续2年未完成底线目标的，调离本岗位。完成2500万元的，效益年薪全额发放，并按超额部分的20%奖励经营班子，其中预算目标第一责任人占比40%。
研发降成本（万元）	200	250	……

图4-7 预算考核激励导向示意图

定期预算考核和定量预算考核最好与公司的绩效管理相结合，把预算管理需要考核的指标纳入公司的绩效考核内容就可以了。不要另起炉灶，单独搞一套，否则会弄得公司的管理越来越复杂，效率越来越低。具体可以参考后面所附的绩效考核模板。

从模板的"季度考评表"来看，一般企业对公司级的考核都会将营业收入和利润指标作为重点，这点没错，但是挂钩方式有待商榷。利润指标虽然最为重要，但是容易引发短期行为，例如为了完成利润目标，总经理在他的任期内可能会刻意选择减少研发投入、减少品牌宣传费用、减少固定资产投入、减少人员培养成本等，利润短期内是出来了，但企业的发展后劲却没了。所以，才会将营业收入指标纳入，这是出于对企业的成长性、可持续性的考虑。我们把它叫作双目标考核。当然，收入目标和利润目标在权重上必须加以区分，不能搞平均主义，三七开或二八开比较合适。

现在很多企业都遇到了现金流问题，总经理和财务总监经常为找米下锅发愁。对于这种企业，建议将经营活动产生的现金净流量指标也纳入预算考核，与营业收入、利润目标一起，进行三目标考核。

除了收入和利润目标，模板里还包括应收账款、存货和费用控制等指标，这些都是预算考核指标，应纳入企业的绩效考核体系，预算考核和绩效考核二者融为一体。模板中甚至纳入了预算管理定性考核指标，而且权重很高，这是为了突出预算管理的重要性，让财务总监在推行预算管理的过程中处于主动位置，体现预算管理的权威性，让指挥棒能够有效运转。

模板中的"年度考评计分表"，基本上是遵循平衡计分卡的模式进行设计的：财务指标是否理想，归根到底取决于客户是否满意；客户是否满意，取决于企业的各项内部运作流程是否改善；能否持续改善流程，寄希望于个人和团队的能力提升。预算管理最根本的目的就是提升思考能力，实现组织目标。

×××公司201×年×季度考评表（针对子公司经营班子）

考核指标	考核项目	目标行动计划	实际完成	完成比例	权重	得分	责任人	考评主体	审批
财务指标类50%	销售额（万元）							财务管理中心	总裁室
	利润（万元）								

	考核项目	目标行动计划	考核标准（要求） 按推进计划/考核指标×权重＝得分 实际完成/考核指标×权重＝得分	权重	得分	差评说明	责任人	考评主体	审批
运营指标50%	产品研发	按推进计划执行，推进目标及行动计划	有具体行动目标及方案，按推进效果进行评价，最高得分为权重	2				行政管理中心	
	产品质量管控	建立质量控制体系，要求设立具体目标并细化落实、跟进，完善。如产品返修率，一次交检合格率等		2				行政管理中心	
	应收账款控制	①季度周转2次（总额控制）；②未按合同约定回款的（质量控制）	①项15分，实际完成/考核指标×权重＝得分。最高得分为权重的1.2倍，②项15分，出现未按合同约定回款的单位每家扣1分	3					
	存货资金控制	①季度周转1.5次（总额控制）②采取必要手段控制积压物资（质量控制）	①项10分，实际完成/考核指标×权重＝得分。最高得分为权重的1.2倍。②项10分，扣/加2分；超3个月以上物资总额增/降10万，扣/加3分；超6个月以上物资总额增/降10万，扣/加5分；出现12个月以上物资款的单位每家扣1分。②项最高得分15分	2				财务管理中心	
	各项费用管控	内部实各项关键费用的控制指标及考核措施	分解指标，层层落实，有监管考核机制，按实施效果进行评价，最高得分为权重	3					
	预算管理定性评价	①每月招开一次预算分析会；②根据预算制定主要责任人指标并实施，且与收入直接挂钩，销售费用占收入比10%以上100万元以上，技术优化降成本200万元以上等；③预算执行情况评价	有会议纪要，各项指标要求层层分解，建立绩效体系，报集团总部各体系并跟踪。最高得分为权重	4					总裁室
	内部管理	①建立201×年绩效管理体系（责任书、部门KPI指标等）；②第二批师带徒考核；③培训计划开展	①建立干部绩效评价体系、目标层层分解，落实；②干部队伍、技能员工队伍建设、内部培训开展；③每项各5分，最高得分为权重	1				行政管理中心	
阶段性、临时性工作		完成日常月/季度及常务例会下达的临时指令性工作任务	本项作为基本项加减分，完成一般不加分不减分，完成较好加分，完成未达要求减分，由总裁室进行考评，加减分在5分以内						
创新奖励		销售模式创新取得成效 人才引进，核心员工稳定 产品研发成果取得市场领先地位 制度创新，管理卓见成效	本项由总裁进行考评，公司提供详细的书面材料并上报作为考评依据，分值最高为5分					总裁室	
合计									

编制：　　　　　　　　审核：　　　　　　　　审批：　　　　　　　　日期：　　年　月　日

某公司201×年度考评计分表

考评指标		考评标准	指标权重	底线目标	进取目标	实际值	得分	考评说明
主指标	盈利	净利润	50					
	增长	营业收入	10					
	风控	经营活动现金流量	10					
辅助指标	客户维度		10					
	内部管理制度		10					
	学习与成长维度		10					
修正指标	年度重点工作项目		±10					
否决指标	特别责任事项		-100%					
备注说明								

五、如何定性考核预算成效

在预算实施初期阶段，不宜过多地量化考核预算目标，可以重点评估全面预算管理体系的完善状况，给予财务负责人较多的定性考核建议权，便于发挥预算组织、协调的作用。

预算编制环节的定性考核，在预算答辩会上已经由总经理作为考官亲自评价过了，这是最为严厉和最具威慑力的定性考核。预算调整环节和预算分析考评环节的时候还会进一步定性评价编制质量。

预算调整环节的定性考核，在审批预算调整申请单的同时就完成了。财务负责人和总经理在判断是否需要调整预算时，还要继续判断：预算编制有无问题？预算调整行为是否应当激励？

预算分析考评环节的定性考核，在预算分析考评会上由总经理作为考官，综合评价预算编制、预算调整、预算执行、预算分析和整改的效果如何。

预算定性考核的具体操作建议按预算信用管理模板进行（见图4-8）。

预算信用管理				
基准分	80分			
评价分	很好 +2分	较好 +1分	较差 -1分	很差 -2分
评价项	预算编制、预算执行、预算调整、预算分析、预算组织等环节			
正激励	1. 年底信用分数≥90分的，一次性奖励1000~10000元 2. 预算信用分数≥90分的，优先考虑晋级或加薪 3. 预算信用分数实行100分封顶			
负激励	1. 年底信用分数<70分（≥60），给予黄牌警告一次 2. 连续两年信用分数<70分（≥60），黄牌换红牌 3. 年底信用分数<60分，直接红牌将其从职位上罚下 4. 预算信用分数<70分，失去晋级或加薪的资格			
补充项	每月或每季度将所有预算责任人的信用管理分排序，张榜公布			

图4-8 预算信用管理模板

实行预算管理以后，财务负责人会发现自己在预算组织过程中非常被动，业务部门不是消极对待就是设置障碍。为了扭转局面，争取主动，建议将财务负责人的考核权纳入预算管理制度。在预算定性考核过程中，首先由财务负责人提供考核建议，再由总经理审批。如果有这样的制度安排和组织保证，财务负责人在预算组织过程中的被动局面就会发生天翻地覆的变化。再结合图4-8所示的预算信用管理措施，所有预算责任人都会像变了一个人似的，每个人都会积极主动地参与预算、配合管理。

例如，某个部门的负责人年初预算信用基准分是80分，经过一年的努力表现，在预算编制、预算执行、预算调整、预算分析、预算考评环节不断得分，年底前信用分变成了89分。那么这个部门负责人是不是特别希望再涨1分达到90分的台阶？在此目标的激励下，他的预算管理行为一定会呈良性发展，和财务的沟通也会顺畅愉快。

假设，某个部门的负责人之前对预算管理嗤之以鼻，实行"不理解、不支持、不配合"的三不政策。一年下来，预算信用分从基准分80分降到了70分，再降1分，当年就要被黄牌警告。那接下来他是不是要小心翼翼地维护自己的预算信用呢？财务负责人准备再扣他1分的时候，他一定苦苦哀求放他一马，他一定郑重承诺下次改正。是不是被考核人行为开始改变了？是不是考核人变得轻松愉快了？

每月或每个季度公司将预算负责人的预算信用分张榜公布，从高往低依次排列，接受舆论监督的同时，也将信用分作为晋级加薪的依据，促使每个人都盯着排行榜，自动自发地维护自己的信用。

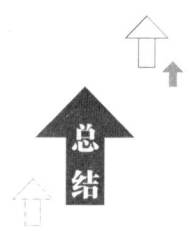

正确理解预算管理的价值和作用

大多数人都这么总结预算管理的价值和作用：预算是公司及各部门的奋斗目标、控制标准、协调工具和考核依据。我十多年前听到这个观点的时候对其深信不疑，并把它作为预算管理的常识来指导预算管理工作的开展。经过十多年的预算管理实践的洗礼，我觉得还是换一种方式来总结预算管理的价值和作用，可能更妥当，目的是让大家在推行预算管理的过程中少走弯路。

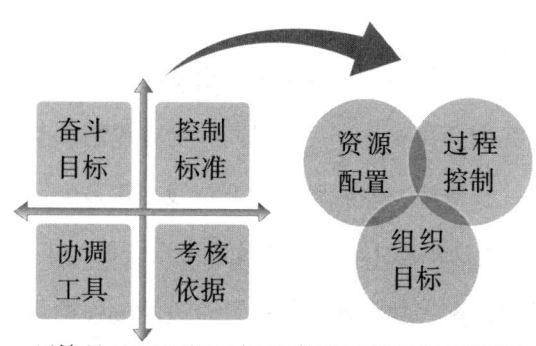

预算是基于组织目标的资源配置和过程控制

预算理念前后对比示意图

1.组织目标。

预算是公司的奋斗目标，这没有错。对公司来说是经营目标，对部门来说就是分解而来的部门目标，所以我们把它统称为组织目标。预算编制的起点就是组织目标，预算管理的目的就是保障组织目标的实现。公司战略在年度的执行落地过程中是以组织目标的形式体现和细化的，通过组织目标，预算和战略衔接起来了，预算管理成为公司战略落地最好的桥梁和工具。

2.过程控制。

预算是公司的控制标准和协调工具，这也没有错。编制好的预算就要拿来执行，成为指导行动的重要参照物。在预算编制和预算执行中，所有部门所有人员都被纳入，预算成为沟通、协调、组织、指挥的重要平台。我们把预算的这两项功能合并为过程控制功能。把预算说成是控制标准，其实容易把人带入坑里：预算是控制标准，容易让人误认为执行必须遵照预算，不能超预算，预算调整也要从严控制，预算执行结果最好和当初编制的预算一样，偏差越少，预算就做得越准，预算管理效果就越好。所以，我们不提控制标准，突出强调过程控制：从基于动态业务的视角，执行预算，事前审批，检索环境，检讨预算，调整预算，改进行动。

3.资源配置。

传统的预算管理价值和作用缺失了最重要的一点，那就是预算编制的资源配置功能。我们会花3~6个月的时间在预算编制环节，目的就是围绕组织目标找方法、找措施，然后思考怎么花钱、花多少钱，驱动大家养成思考的习惯，提高思考的能力，从而保证在有限资源约束下实现组织目标。预算编制阶段的资源配置功能和预算执行阶段的过程控制功能就是预算管理的两只脚，传统的预算观念就像是砍掉了预算管理的一只脚。

预算是公司的考核依据。这句话本身也没有错，但是这种说法却几乎让所有人都走入了预算管理和绩效管理挂钩的重大误区。常识告诉我们，预算管理必须和绩效考核挂钩，如果不挂钩，预算管理就失去了意义，因为每个人都只做要检查的事情，而不是公司期望的事情。而预算管理最重要的两大指标就是营业收入和利润，所以，几乎不用思考，营业收入和利润指标就与绩效考核一拍即合，紧紧捆在一起，而且所有人对此都是深信不疑的。杰克·韦尔奇最终打开了这个死结。正确的做法是，不建议产出类目标与绩效管理挂钩，但是投入类目标必须和绩效管理挂钩。

经过这样的调整，预算管理的价值和作用就可以用一句话总结出来：预算是基于组织目标的资源配置和过程控制。

如何发挥这一作用呢？需要一定的程序和方法来保证，这就是预算管理：从公司战略出发，细化到年度经营目标，以此作为预算编制的起点和依据，并在预算编制的过程中提升预算责任人的能力和素质；在预算的执行过程中，通过预算审批、预算调整、预算分析、预算考评等一系列程序和方法，检验和评价预算管理的效果是否符合预期，并据此修正后续的经营管理行为，改善内部运作流程。

最后，回顾一下预算管理发挥作用创造价值的运行机制：

两条路径保障：业务路径和资源路径。为了实现组织目标，必须在有限资源约束下，找到合理有效的行动方案，尤其强调创新，从而提升能力素质，确保组织目标是可实现的。

双重渠道证明：业务渠道和公司渠道。无论是编制阶段还是执行阶段，业务部门都要证明业务路径和资源路径是合理有效的，财务负责人和总经理代表公司从公司层面进行审核论证。

两道保险装置：预算编制和预算执行。预算编制的时候对粗放管理做了一次过滤，预算执行的时候又进行了一道过滤，经过这两道过滤，滤去杂质、挤干水分，得到隐藏在粗放管理中的利润，实现组织目标。

主要参考文献

[1] [美]杰克·韦尔奇、苏茜·韦尔奇著,蒋宗强译,《商业的本质》,中信出版集团,2016年4月。

[2] [美]杰克·韦尔奇、苏茜·韦尔奇著,扈喜林译,《赢的答案》,中信出版集团,2013年6月。

[3] [美]威廉·拉利主编,王斌等译,王斌审校,《预算管理手册》,人民邮电出版社,2007年1月。

[4] 章显中著,《企业预算控制》,中国人民大学出版社,2009年8月。

[5] 温兆文著,《全面预算管理:让企业全员奔跑》,机械工业出版社,2015年8月。

[6] 温兆文著,《看穿报表出利润:高管财务大讲堂》,北京大学出版社,2012年9月。

[7] 张凤林、汤谷良、卢闯著,《全面预算管理2.0:解开管理者8大难题的钥匙》,机械工业出版社,2017年6月。

[8] [美]罗伯特·卡普兰、大卫·诺顿著,刘俊勇、孙薇译,《战略地图:化无形资产为有形成果》,广东经济出版社,2005年6月。

[9] [美]迈克尔·波特著,陈丽芳译,《竞争战略》,中信出版集团,2014年8月。